contes et légendes de Provence

Nicole Lazzarini

Contes et légendes de Provence

Éditions Ouest-France

PRÉFACE

Où donc ai-je rencontré
Pour la première fois
Cette jolie esthète
Qui m'a impressionnée ?
Peu importe le temps…
Élégante et superbe
Dans sa simplicité,
Tout auréolée de sa chevelure claire,
En longueur ou nattée,
Un jour elle s'est présentée.
L'exceptionnelle rencontre
Fut un grand privilège
Sur mon chemin de vie.
Toute ma poésie
Depuis est transformée.

Vous la voyez au loin,
Déjà elle est présente.
Charmante, rieuse, sérieuse,
Contente de vous revoir,
De pouvoir échanger.

Dans l'infinie douceur
De son regard azur,
Vous vous retrouverez
En ce champ de lavande à l'odeur puissante.
Sa voix délicieuse mélange cet accent
Mi-lorrain, mi-enfant du Midi,
Que l'on aime écouter.
D'où vient-elle ? Elle me l'a confirmé :
Lorraine et fière de l'être,
Habitant en terre provençale.

Nicole Lazzarini vous fera découvrir
Tout au long de ces pages
Grâce à la description
Fidèle et imprégnée
De sa joie vibrante,
De sa vie d'aujourd'hui,
De ses moments classés,
Des Contes et Légendes de Provence,
Écrits avec amour et humour.
Ce pays charmant peuplé de personnages
Passionnants ou rusés
Où je soupçonne un instant
Qu'elle a aussi vécu !
Elle s'y est investie,
Parcourant le passé.

Nous avons des points communs...
Depuis quarante années,
Je parcours la Provence
Pour rejoindre ma famille
Qui s'y est installée.
J'ai redécouvert avec une autre ardeur

Ces endroits tant de fois visités
Mais surtout apprécié les légendes
Qui, plus que jamais, par sa plume,
Pimentent tous ces lieux
En les agrémentant
Pour mieux les souligner.
Mes yeux ont déposé
Une vision différente
Sur les gens, sur les choses.

Vous ferez comme moi,
J'en suis persuadée.
Les secrets du mistral,
La légende des cigales,
Le train des pignes…
Autant de thèmes choisis
Qui sauront vous convaincre,
Sûr, vous enchanter.
Nicole a fait naître
Par la magie des mots
D'autres images
Devenues grâce à elle
Magnifiques, infinies,
En transportant nos rêves
En parfaits souvenirs ou en réalités ?

Marie-Claude Pierson
Poète et Créatrice
Nomeny

AVANT-PROPOS

Terre de troubadours qui courent de cour d'atours en cour d'amour où les héros sont tour à tour de nobles dames et de preux chevaliers, de belles princesses et de puissants seigneurs, la Provence possède une longue tradition de littérature orale.

Pourtant, si la narration du conte semble ancrée au plus profond de ses us, elle ne saurait se laisser caricaturer à l'aune du pittoresque, se laisser dénaturer jusqu'à devenir historiette gentillette, agrémentée d'un accent chantant fleurant la faconde et la farigoule*, se laisser raturer de clichés faciles et péremptoires.

Le visage de la Provence n'est pas aussi mièvre, monocorde, mirifique et manifeste que les apparences pourraient le laisser croire aux esprits par trop superficiels.

On est loin d'une région d'opérette ou de comédie qui a, certes, sereinement sécrété des scènes mémorables, telle la fameuse partie de cartes autour d'un pastis à deux pas du Vieux-Port ou les conversations des protagonistes des trilogies cinématographiques de Pagnol…

Qui prononce le mot Provence provoque, propose, propage immanquablement une profusion d'images, plus folkloriques les unes que les autres, qui projettent, sans souci de progression ou de protocole, une bouteille de pastis, un savon de Marseille, un sachet d'herbes aromatiques, une cigale en céramique, un bouquet de lavande ou de mimosa, un sac de figues, un carafon de Châteauneuf, une boîte de calissons, une boule de pétanque, une panetière en noyer, un costume arlésien, des parefeuilles en terre cuite…

Ainsi produits et provisions, projets et procédés, proprement prodigues, intégreraient-ils une liste prolixe, probante et prodigieuse, pour une énumération à la Daudet ou à la Fernandel.

L'art du bon vivre de ce coin de France est tellement sympathique, caractéristique, fantastique, qu'il en devient providentiellement emblématique. L'habitat, la gastronomie, les loisirs sont si spécifiques… qu'ils ne sauraient se laisser transporter, ni transposer dans un autre pourpris.

Les poètes s'inscrivent dans la lignée de cette mission de transmission de mythes, sur un mode ludique et sur un ton tantôt tragique, tantôt humoristique.

La création littéraire, antée sur ce patrimoine vif, vivant et vivifiant, a essaimé cent et cent récits lyriques, épiques ou satiriques. C'est ainsi qu'Alphonse Daudet, Paul Arène et Frédéric Mistral et, plus près de nous, Marie Mauron et Marcel Pagnol, ont livré des fleurons en osmose avec le terroir qui les a fécondés. Si bien qu'on les croirait issus du tréfonds du légendaire vernaculaire et populaire.

Ici, plus que partout ailleurs peut-être, les traditions perdurent. L'existence s'écoule au rythme des saisons qui passent, escortées de leurs lots de fêtes, de rites… Pour exemple, les coutumes liées à Noël et au temps merveilleux de l'Avent, du cycle calendal qui conduit jusqu'à la Chandeleur, à la cueillette des fleurs et des fruits, aux vendanges, à la pêche, à la transhumance… sont singulièrement vivaces.

La légende dorée luxuriante, foisonnante du Sud-Est réunit une procession de saintes et saints de forte notoriété, à la vocation fervente et altruiste, soumis à la vénération de la population, multipliant les prodiges et les guérisons. Les sanctuaires et ex-voto élevés en leur honneur abondent. Cette hagiographie locale éminemment riche dénote une influence religieuse plus vivante, vibrante, vibratoire qu'en aucune autre contrée, comme si le lumineux ne pouvait se dissocier du numineux.

Ce carrefour de passage, de pèlerinage et de brassage, creuset d'influences sis entre mer et montagne, a engendré des êtres hospitaliers et ouverts, hommes ruraux, simples et rudes, autochtones indépendants, diserts et accueillants.

Paysans, bergers et marins exercent adonques un métier élémentaire, aux prises qu'ils sont avec la nature dans ses manifestations météorologiques quotidiennes les plus variées et les plus éprouvantes.

Une tradition qui semble de surcroît s'affranchir des frontières sociales. Manants et gentilshommes ont pratiqué la même langue, ont partagé la même culture, privilégiant un art de vivre empreint de douceur, de langueur, de bonne humeur…

Mais meurtrie par les événements cruels d'une Histoire mouvementée, en proie à la convoitise incommensurable des Romains puis des Maures, au croisement de nombreuses ethnies et confessions, la patrie de Giono est aussi protéiforme que son relief.

Elle s'enracine dans une géographie fantasque, propice à la naissance du fantastique. Le massif déchiqueté de l'Estérel, les pitons rocailleux et ruiniformes des Alpilles, la forêt fossile de la Sainte-Baume, la plaine caillouteuse de la Crau ont forgé une terre énigmatique, qui n'a aucunement méprisé ses origines celtiques ou ligures…

Les légendes attachées à ces sites révèlent comment les anciens interprétaient les mystères liés aux curiosités géologiques.

Berceau de Frédéric Mistral, que son climat souvent acoquinant mais parfois mordant, en proie aux assauts de vents violents et au soleil ardent, détermine, sculptant le paysage. Pour résister aux affres des intempéries, on plante des haies de cyprès, on tourne le dos au mistral, qui secoue les arbres courbés en silhouettes étranges sous des tourbillons que le poète a comparés à des danses de derviches tourneurs. Et les murs des mas* ne sont percés que de fenestrons*. Le soleil exacerbe et exaspère la vie qui, telle la cymbalisante cigale, au chant excessif, fait s'épanouir les extrêmes.

La lumière poudroie et s'octroie des couleurs contrastées, éclatantes, éblouissantes, éclaboussant les sites de taches flavescentes en un tableau impressionniste sur lequel joue une symphonie de nuances ocrées et que les plus illustres artistes peintres n'ont pas manqué de signer. Il n'est que de citer Vincent Van Gogh ou Paul Cézanne. À la rosée ou à vesprée, se déploient de multiples accords parfumés, embaumant le pin, le romarin ou le jasmin et autres bouquets de senteurs… Où le bon Dieu semble avoir déposé sa pharmacie en plein air, apothicaire tambourinaire hors pair…

Dans les récits du Midi, on trouve le même coefficient de monstres terrifiants, de niais attachants, de vilains fantômes, de démons mystifiés, d'évêques thaumaturges et de saintes saurochtones, de croisés valeureux et de méchants maures, de sorcières vengeresses, de gouffres béants, de châteaux hantés, de trésors enfouis, de cités englouties, de chasses aériennes diaboliques que dans l'ensemble de la France. Et des hôtes impalpables ou insaisissables animant autant les savoureuses veillées d'antan que les prés, les grottes, les paluds* et les mares salées.

Le souvenir des fées reste attaché à des lieux de prédilection tels les rochers, les rivières, les ruines.

D'autres êtres invisibles mais dont la présence était perceptible parcouraient la contrée, tels les gnomides du monde souterrain.

Le diable s'inscrivait largement dans le registre des souvenirs méridionaux du coin du feu et les masques* ne manquaient pas à l'appel.

Puissent ces histoires facétieuses ou satiriques, parfois moralisatrices ou fondatrices, profondément inféodée à la mémoire, où chaque territoire raconte une histoire, devient un terroir… conférer à chacun l'envie de plonger dans les délices inestimables de la rêverie et de la magie, ce capital immatériel original des contes, fables et légendes, légué en héritage par des narrateurs anonymes ou célèbres, merveilleux passeurs de narrations, transmises de génération en génération. Patients et patents gardiens d'une prospère, propice, prolifique somme de savoirs pratiques nécessaires à la vie quotidienne, maillons indispensables dans la chaîne de la souvenance !

Qui fait la part belle à la poésie, à l'enchantement, au charme dans la démarche gratifiante de la quête de ses racines, sur les pas de ses ancêtres, car nul n'est profès en son pays…

---

* Les mots suivis d'un astérisque sont expliqués dans le Glossaire en fin d'ouvrage.

LE MIRIFIQUE VAISSEAU FANTOMATIQUE

Il y a de cela bien longtemps, au long des côtes provençales, naviguait un navire… de nabab pratiquement, au nom étrange de *Patte-Luzerne*.

Les chroniqueurs de l'époque, médusés devant l'envergure du voilier, louèrent ses dimensions, ses proportions, ses gratifications.

Il faut dire qu'elles étaient magistrales, monumentales, martiales. Pensez donc ! On raconte que, lorsque cette arche quittait le port de Toulon, l'arrière ne débouchait pas encore complètement de la rade, que le beaupré filait déjà hors du détroit de Gibraltar.

Peuchère !

La nef regorgeait en ses flancs pansus de champs céréaliers, de vergers et de potagers. Et d'un vignoble, pardi !

Les plantations bouquetières et vivrières y étaient soigneusement entretenues par une escouade de jardiniers qui ne ménageaient guère leurs efforts.

Quant aux vastes étendues de blé, elles se voyaient labourées par un attelage de beaux bœufs blancs, aux muscles saillants. Qui servaient également à la boucherie, une brigade de cuisiniers empressés se tenant prêts à les apprêter de mille manières.

Les mâts de ce bâtiment étaient si hauts que les matelots qui montaient miraculeusement jusqu'à leur sommet – et en descendaient par l'autre côté – avaient la barbe piquée de poils poivre et sel lorsqu'ils touchaient à nouveau le pont.

Coquin de sort !

Les poulies abritaient des tavernes, des bistrots et une brassée de brasseries où l'anis et le pastis coulaient à flot. Certains gabiers confessèrent même qu'y fleurissaient des fleurs de pavés… Peut-être s'y jouait-il avec ces dames de drôles de drames ! Cette activité livre un éclairage blafard sur le surnom dont il fut affublé, le *Gallipettun*.

Mais ce que l'histoire ne dit pas, c'est qu'il s'y trouvait sans doute une terrasse, ombragée de platanes, devant laquelle il faisait bon disputer une paisible partie de pétanque.

Cela aurait été un comble, un scandale, une hérésie si ce bateau, qui représentait le clou, que dis-je le fleuron de l'arsenal, s'était porté pâle sur le terrain de l'art de vivre méridional !

Sa renommée était auréolée de hauts faits moissonnés sur les mers du globe. Pourtant une énigme, abyssale, subsistait ! Pourquoi sa taille gigantesque n'avait-elle pas permis qu'il fût aperçu d'un large public ? Un mystère demeurait. Pour quelle raison obscure ce vaisseau fantôme n'était-il connu que d'une petite élite alors que son impressionnante carrure, son imposante voilure, son importante mâture, auraient dû faire des vagues, déclencher des raz-de-marée, déchaîner des tempêtes ?

Si, lors d'une promenade vespérale, vous apercevez au ponant une embarcation colossale qui disparaît dans les brumes automnales, vous serez en droit d'imaginer le départ du spectral et spectaculaire géant naval, en partance pour l'hémisphère austral.

Il est à noter que ce n'est pas là une galéjade qui enfla sur la Canebière, mais un récit glané sur les quais toulonnais !

LA LÉGENDE DES CIGALES

L'histoire se déroule au temps béni où les anges venaient passer leurs vacances en terre de Provence.

Ils arrivèrent ainsi dans cette contrée, aux couleurs exceptionnelles, par un matin de grande lumière, et furent étonnés de ne pas rencontrer âme qui vive entre calanques et restanques*.

Et surtout s'exaspérèrent d'apercevoir de nombreux champs, non provisoirement en jachère, mais définitivement en friche. Eux, qui rêvaient d'admirer d'opulents vergers, de prospères potagers, se trouvèrent fort marris.

Très déçus, ils s'en allèrent frapper à la porte du presbytère et restèrent ébahis de découvrir le curé, non point raisonnablement consacré à la prière, mais profondément enfoncé au cœur d'une sieste sanitaire et solennelle, engoncé sous les boutis* d'une confortable litière.

Le prêtre, empressé, leur exposa que le Seigneur avait choisi de dispenser, à ses compatriotes du Midi, du soleil en abondance, avec exubérance, et leur permettait donc de disposer de sommeil à foisonnance, en luxuriance.

Il leur précisa de surcroît que les gens du coin se tenaient sagement à l'ombre des oliviers afin de se préserver des rayons violents de Phébus. L'un des séraphins, perplexe, interrogea :

« Mais quand travaillent-ils alors ? »

« À la fraîche ! répondit humblement, en écartant toute polémique sarcastique, l'ecclésiastique. Un peu à la rosée, et pas beaucoup plus à la vesprée. Ceci explique le piteux état de leurs terrains. »

Les messagers aux ailes dorées s'en retournèrent au ciel conter leur aventure à Dieu qui décida aussitôt de créer une nouvelle espèce d'insectes.

Lorsque le disque solaire se montrerait par trop ardent, durant la torride saison estivale, les bestioles se cacheraient dans les pins et exécuteraient, tels de téméraires tambourinaires*, les notes stridentes d'une musique exacerbée, dans le dessein d'empêcher les habitants du pays de dormir exagérément, aux beaux jours retrouvés.

C'est ainsi que naquirent les cigales, cymbalisants et bruyants symboles, en parfaite symbiose désormais avec l'art de vivre méridional !

LE TRÉSOR DE GASPARD DE BESSE

Au soir du 25 juillet 1780, peu avant minuit, un des frères du monastère Saint-Pierre-des-Canons était occupé à méditer sur le rebord de la fontaine. Préoccupé par les problèmes pécuniaires de la confrérie, l'observantin réfléchissait à la solution idoine pour financer les futurs travaux de réfection du toit.

Il analysait la situation avec lucidité, constatant que les biens numéraires de la congrégation s'amenuisaient de jour en jour. Il était notamment contrarié à l'idée qu'il lui faudrait bientôt abandonner la tradition d'hospitalité qu'il affectionnait particulièrement, faute de pouvoir proposer un accueil décent aux personnes de passage.

Il était ainsi plongé au plus profond de ses pensées quand il entendit la cloche du portail résonner par deux fois dans la nuit étoilée de silence. Il crut s'être mépris mais, par acquit de conscience, voulut vérifier si un quelconque passant ne sollicitait pas le secours des serviteurs de Dieu. Sur le seuil, un homme, enveloppé dans une cape de drap grossier comme du pain d'orge, tenait par la bride un solide cheval de trait.

« Que vous arrive-t-il mon fils, pour paraître à pareille heure ?

– Ma monture, qui a perdu un fer, a besoin de prendre quelque repos. Quant à moi, je souhaiterais un bol de soupe et un morceau de fougasse*.

– Entrez, je vais vous préparer un repas. »

Le moine se rendit à la cuisine et, malgré la lassitude qui l'étreignait, se mit à éplucher maints légumes du potager. Par la croisée, il observait de temps à autre l'étranger, affairé à soigner le sabot de l'équidé. Il s'interrogeait sur l'intrusion insolite de l'individu et sur son accoutrement, surprenant pour la saison. Qui supporterait un manteau si épais en été ?

Peu après, le frère héla cordialement son hôte :

« Votre potage est prêt. Venez vous asseoir au réfectoire ! »

Ainsi fut fait. Le cavalier laissa l'animal s'abreuver à la fontaine et entra dans la salle. Il retira prudemment sa houppelande, qu'il plia soigneusement avant de la glisser sur un banc de bois ciré. Il portait à la ceinture deux gros pistolets et un sabre, court, fuselé. Il s'en sépara tranquillement pour les disposer à côté du couvert, à sa portée.

« Ne vous inquiétez pas mon père, je vous paierai pour le dîner. »

Le religieux quitta le viateur alouvi, songeur. Ce personnage à la fleur de l'âge, aux manières si délicates, à la vêture riche et raffinée, était-il un aristocrate ?

Un peu plus tard, frère Jhaoùme s'en retourna auprès de son convive, dans le dessein d'assister à la fin de la frugale halte. L'inconnu, debout, placide, le chapeau déjà vissé sur le chef, les armes sur les hanches, se pencha pour écrire un mot, puis plaça le papier à l'intérieur d'une humble poche de peau qu'il abandonna au bout de la desserte.

« Mon père, pouvez-vous m'indiquer la chapelle ?

– Suivez-moi. »

L'estrangiè* pénétra dans le chœur du sanctuaire d'un pas lent et respectueux. Avant de s'agenouiller devant l'autel, il aligna son sabre et ses pistolets sur un prie-Dieu.

Là, à la lueur des cierges, la tête inclinée, les yeux fermés, il pria, sous le regard impassible d'immobiles spectateurs de pierre.

Enfin, il récupéra son dissuasif et belliqueux viatique, ainsi que son cavaou*, et prit congé. Il s'éloigna aussitôt au galop, déchirant brutalement les sépulcrales ténèbres.

Frère Jhaoùme, fatigué, intrigué mais subjugué par la prestance de ce pieux et pressé chrétien, décida de se coucher.

Le lendemain, dès l'aube, le convers informa la communauté de la singulière visite. Il remit la bourse de cuir à un moinillon, qui s'empressa de l'ouvrir. Une pluie flavescente se répandit sur le sol. Ému et stupéfait, frère Jhaoùme s'écria :

« Ce voyageur nous a octroyé une somme énorme... Un trésor d'une cinquantaine de pièces d'or ! »

Il déplia minutieusement le billet fourré en hâte dans l'aumônière. Seul un nom y était inscrit, et pas n'importe lequel : Gaspard de Besse !

Quelques mois après, le brigand mourait sur l'échafaud, dans la ville d'Aix. Mais le peuple provençal garde à l'esprit l'attitude altière, tantôt patriote et tantôt dévote, de cet homme parti en pleine jeunesse. Il avait 24 ans, 8 mois, 14 jours.

Depuis cette vêprée de 1780, on dit que, le 25 juillet, la cloche du prieuré de Saint-Pierre-des-Canons retentit à deux reprises, comme pour commémorer le geste généreux de Gaspard de Besse qui permit la restauration du bâtiment !

Personne n'a jamais su si c'était le vent, ou une main mystérieuse, qui agitait la campane...

Après sa disparition, les frères célébrèrent chaque année une messe à sa mémoire et déposèrent, près de la table sacrée, à l'endroit précis où il s'était recueilli, une gerbe fleurie.

De nombreux sites éponymes conservent le souvenir du voleur au cœur noble.

La plus spacieuse des cavernes du Garou, près de Sanary-sur-Mer, et la plus accessible aussi, se compose de trois salles – dont un aven insondable – et s'appelle la grotte de Gaspard-de-Besse. Il se murmure qu'elle a jadis caché bien des richesses.

Une autre excavation du Var, percée non loin des rochers dolomitiques et fantastiques de la montagne de la Loube, est réputée abriter un butin dissimulé par le bandit de grand chemin, au don d'ubiquité.

Quant au pourpris emblématique de la Sainte-Baume, il renferme un gouffre baptisé de son déroutant pseudonyme…

L'ARBRE AUX KAKIS DE GRAVESON

Il était une fois une petite fille aux yeux pers, couleur d'anis et de myosotis, à la tresse aussi blonde que les blés de Brie. Sage et disciplinée, la belle enfant, qui n'avait pas la joie de connaître la chaleur d'un foyer, passait le plus clair de son temps à remuer complaisamment ses récents souvenirs de vacances, au bord de la Méditerranée.

Une mer merveilleuse comme elle l'avait découverte en Camargue, lors d'une escapade estivale aux Saintes-Maries. Elle gardait précieusement enfoui au fond d'elle un faisceau d'images et d'émotions qu'elle aimait à se remémorer les soirs d'hiver, dans sa lointaine Lorraine natale.

Elle repensait alors, quand la neige tombait à frisquets flocons, à cette terre sauvage de sansouires* et de salins où s'épanouissaient salicornes et saladelles*. Une région magique qui avait vu naître Crin blanc, un territoire plat et battu par les vents, sillonné par les gardians* et hanté par les masques*, la mauvaise saison revenue.

La demoiselle avait été tellement enchantée par ce séjour qu'elle suppliait constamment sa marraine de l'y reconduire mais à Noël, cette fois, parce que l'on dit cette fête sacrée en Provence, plus que partout ailleurs en

France. Mais la pauvre femme n'avait guère les moyens de financer un tel projet. Aussi pensa-t-elle tout simplement partir à l'aventure, en louant à la nuitée une cambro* chez l'habitant, dans une manade* ou un mas*.

Et voilà nos deux héroïnes, une fin d'après-midi de décembre, surprises par l'obscurité, sur une route isolée, cherchant en vain à regagner le jas* où elles logeaient. Le mistral soufflait à décorner les taureaux et le ciel était menaçant. Elles avaient beau se rapprocher d'une croix, plantée à l'intersection des voies longeant les canaux, elles éprouvaient une inquiétude grandissante.

Soudain, elles entendirent une plainte lugubre, précédée d'une agitation confuse. Une troupe d'animaux ne tarda pas à apparaître : des chats décharnés, des chiens efflanqués, des hiboux ébouriffés, des corbeaux enragés.

Ces chats maléfiques, ces chiens raouliques, ces hiboux pithiatiques, ces corbeaux hystériques, échappés de quelque ruine maudite, tenaient conciliabule !

Autour du calvaire, s'ébaucha ensuite de subite façon une farandole endiablée de plus en plus dense et intense.

Les voyageuses restèrent d'abord clouées sur place, puis elles se remirent en marche, alors que tournoyait autour d'elles la ronde magique des esprits…

Elles se souvenaient de ce que leur avaient raconté les anciens qui les hébergeaient : « Si vous rencontrez les masques, surtout ne vous retournez pas ! Passez votre chemin. Car si vous en effleurez une seule, toutes s'empresseront de vous entraîner dans leur royaume, au sein d'une procession infernale… »

Elles ignoraient que ce désert d'eaux saumâtres était une lice propice aux maléfices. C'est pourquoi les gardians invitaient à se garder de regarder de trop près les spectres qui le fréquentent du crépuscule à l'aurore.

À plusieurs reprises, elles durent combattre la lancinante envie de céder aux sortilèges des sorcières qui rivalisaient d'ingéniosité, pour tenter de les faire tomber et succomber.

Mais à force de lutter, courageusement et obstinément, après cette longue nuit diabolique, hivernale et inhospitalière, elles aperçurent enfin, au petit matin pâle, maintes lueurs scintillant à travers la brume. Quelque chose comme le clignotement d'une guirlande d'ampoules lumineuses, entortillées et piquées sur les branches chauves d'un tronc dénudé.

L'adulte, terrorisée, y vit un squelette menaçant, la gamine, émerveillée, un arbre féerique aux fruits nuance de melon, de la taille de coings charnus, dodus, qui semblaient s'être trompés d'époque pour mûrir.

Cet arbre de Noël improvisé, sans épine ni couronne, mais orné de boules fascinantes, se détachait sur un bâtiment de pierre dorée, aux proportions rassurantes, à la façade harmonieusement estampillée d'un cadran solaire et de plusieurs œils-de-bœuf.

Épuisées, les promeneuses approchèrent craintivement, timidement, de la demeure. Quel accueil allait leur être réservé ?

Une dame charmante, qui les avait remarquées depuis quelques instants, vint au-devant d'elles avec un large sourire. Sans tenir aucun compte de leur tenue négligée, de leurs cheveux décoiffés, elle proposa :

« Puis-je vous être utile ? Vous cherchez sans doute la maison de mes voisins… On ne la voit pas d'ici mais vous n'en êtes plus très loin !

– Non, expliqua la marraine, en fait, nous nous sommes perdues. Voilà, je vais vous raconter… »

C'est devant un bon feu de bois et une tasse de chocolat fumant que les randonneuses égarées poursuivirent leur récit. Elles étaient encore sous le choc de la désobligeante mésaventure, quand la courtoise propriétaire leur précisa que la bâtisse, jadis relais de poste puis magnanerie*, avait été transformée par ses soins en hôtel. Elle les incita ensuite à se reposer et à se rafraîchir dans une chambre de l'étage.

«Non, ce n'est pas possible! Nous n'avons pas les moyens et puis... protesta la voyageuse, rouge de confusion.

– Ce n'est pas un problème! coupa l'aubergiste, pour le coup passablement autoritaire. Aujourd'hui, nous célébrons Noël et je souhaite que vous restiez parmi nous. Je vous demanderai seulement de contribuer aux préparatifs.»

La petite Lorraine était au comble de l'allégresse. Elle fondit sur l'hôtelière en un élan spontané et lui plaqua un gros baiser affectueux et baveux sur la joue. Ce qui mit aussitôt un terme aux palabres.

Toute la journée, les femmes s'affairèrent au fourneau. Il fallait préparer le gros souper* de coutume calendale, et elles n'étaient pas trop de quatre à éplucher les céleris et les cardons, à cuisiner les épinards et l'aïgo boulido*, à concocter la tapenade* et l'anchoïade, à casser les pignons et les noisettes... L'office bourdonnait d'une sympathique effervescence.

Les enfants de l'hôtesse étaient partis pour la ciergerie prémontrée voisine, afin d'acheter un lot de bougies parfumées qui enlumineraient la veillée.

Quant au patron, il s'était avancé au marché, pour acquérir les fruits que l'on dégusterait en rentrant de la messe de minuit, encore tout ébloui de la magie de la cérémonie du pastrage*, cette offrande symbolique de l'agneau au prêtre, qui voit le bayle* enveloppé dans sa cape de bure, suivre la blanche brebis tirant la charriotte garnie de paille, enjolivée de chandelles et de rubans, jusqu'aux pieds du révérend, au son des galoubets* et des tambourins.

Il achèterait oncques aux marchands du coin figues, noix, dattes, amandes, raisins secs, oranges et mandarines, pommes, poires et raisins frais.

Enfin, trop contente de mettre la main à la pâte et de rendre service, Jeanne s'éloigna, accompagnée des deux chiens de la maison, chercher à la boulangerie proche l'incontournable pompe à huile* et les nougats, noir et blanc.

La nuit de Noël se déroula comme dans un rêve. Les minots* partagèrent leurs cadeaux et leurs jeux avec la visiteuse – qu'ils ne considéraient décidément pas comme une cliente – et s'amusèrent à lui expliquer la signification des mets choisis, qui répondaient à une symbolique ancestrale.

« Tu vois Jeanne, les mendiants ont la teinte des différents ordres religieux d'autrefois. Ainsi les figues ressemblent aux Franciscains, les raisins aux Dominicains, les amandes aux Carmes et enfin les noix aux Augustins, c'est pour ça qu'on les appelle ainsi…

– Mais les moines-là existent toujours ! » ajouta son frère, mécontent du raccourci pédagogique.

La petite aux zious* pers jouissait de ce moment de pur bonheur avec délectation, attristée simplement par un fait d'apparence anodin, qui prenait cependant, pour elle, une importance emblématique.

Tout à coup, les invités réunis la virent se lever d'un bond et se précipiter derechef au-dehors.

Elle revint du jardin peu après, les bras chargés de kakis. Elle venait de réparer là, en gazille tutélaire, une profonde injustice. Pourquoi avoir oublié le généreux plaqueminier qui offrait ses fruits succulents au prix d'une lutte méritoire contre les frimas hiémaux ? D'autant plus qu'il avait resplendi, tel un phare bienveillant au milieu de la tourmente, à leur arrivée matutinale.

Depuis ce réveillon enchanté, Graveson est l'unique village de Provence où l'on savoure désormais, non plus treize, mais quatorze desserts traditionnels pour la Noël.

LE MARIAGE DE SAINT ELZÉAR DE SABRAN ET DE DELPHINE

Depuis environ un millénaire, la silhouette du village perché et pittoresque d'Ansouis se confond avec celle de la forteresse qui le domine.

Ce château, réputé pour la beauté de ses gypseries et de ses tapisseries, fut le cadre de la vie édifiante de saint Elzéar de Sabran et de Delphine, son épouse.

La tradition se réjouit et s'embellit de l'émouvante histoire d'Elzéar, qui raconte le projet matrimonial échafaudé par le roi de Naples Charles II, dit le Boiteux. Icelui rêvait d'unir ce comte d'Ariano, baron d'Ansouis et de Cucuron, seigneur de Cadenet et Grand Justicier du Royaume de Naples, à Delphine de Signes. À fin de s'attacher infailliblement et indéfiniment les deux familles qui avaient ostensiblement manifesté leur soutien à sa cause.

L'entremetteur était profondément plongé dans les diverses tractations inhérentes à pareil dessein quand il se souvint que la damoiselle, fort éprise des choses de la religion, avait été élevée au couvent de Sorps. C'est dans ces murs mêmes qu'elle avait reçu une éducation très stricte, tournée vers les valeurs essentielles et fondatrices de l'Église.

Ayant déjà fait vœu de chasteté, Delphine accepta cependant de convoler avec son prétendant à la condition expresse qu'il prononce un serment analogue. Ce que le jeune homme fit sans opposer la moindre résistance.

Ils formèrent bientôt un couple exemplaire, pour la chrétienté tout entière. Partageant les actes d'humilité, de piété et de charité.

Quelque temps plus tard, en séjour à Paris, Elzéar tomba gravement malade. On appela précipitamment un prêtre, lequel exigea que le comte rende publiques les conditions de son insigne union afin d'inciter ses paroissiens et tous les catholiques à emprunter la voie vibrante de la vertu. Ce à quoi il obéit sans opposer la moindre résistance.

Delphine, devenue prématurément veuve, vécut désormais dans le dénuement, vêtue d'une robe de bure grise, coupée comme un sac et retenue par une corde. Elle allait, le visage voilé, quémandant sa nourriture au moyen d'une sonnette, ne prononçant pas une parole, dormant sur une sommaire litière de paille.

Elle survécut toutefois presque quarante ans à son noble compagnon d'hyménée, pratiquant fidélité et fraternité, multipliant extases et visions, favorisant prophéties judicieuses et guérisons miraculeuses.

Sur sa demande, le pape Clément VI canonisa Elzéar.

Et à la disparition de Delphine, on déposa sa délicate dépouille au côté des reliques de son défunt mari. On éleva ensuite un mausolée à la gloire des deux saints réunis pour l'éternité, dans la chapelle des Cordeliers, à Apt. Malheureusement le monument ne résista pas à la tourmente révolutionnaire…

Mais la vocation de générosité de Delphine du Puy-Michel – et de son conjoint ! – continue à rayonner irrésistiblement…

LE PUITS D'AMOUR DE ROUSSILLON

L'histoire de l'étrange et étonnante bourgade de Roussillon est associée, dans la mémoire collective, à l'une des plus tragiques aventures amoureuses qui, jadis, éclaboussa les gorges et les falaises de ce magnifique terroir de Provence.

Sirmonde, épouse du terrible seigneur du lieu, était tombée en amour d'un jeune troubadour à la taille bien prise, au sourire charmeur, aux couplets gracieux.

Délaissée par un mari aux mœurs rustres, qui partait pour la chasse plus que de nécessaire, la sémillante Sirmonde s'en consola dans les bras de Guillaume de Cabestang, page et poète courtois, qui vivait au donjon, et ne pensait qu'à être agréable à sa dame, à lui plaire et à la distraire.

Dévoré par la jalousie, le triste sire de châtelain, qui n'avait cessé de faire espionner sa conjointe à laquelle il ne témoignait pas plus de confiance que d'attention, ayant appris son infortune, tua sauvagement et rageusement son rival, d'un imparable coup de dague. Et non content du meurtre, il fit ignominieusement dépecer le cadavre par ses gens et l'apprêter par son meilleur cuisinier.

À son retour, le cassaire* offrit à sa femme un superbe banquet au menu duquel figurait un mets des plus succulents.

Quand Sirmonde, ignorant la sordide et sinistre machination, s'en fut amplement régalée, l'horrible Raymond lui avoua, éclatant d'un rire sardonique, qu'elle venait de déguster voluptueusement le cœur de son champion et amant.

Apprenant l'insupportable vérité, la malheureuse, atterrée, trouva toutefois l'énergie de se lever et de déclarer publiquement qu'elle avait fort bien mangé et ce, pour toujours.

Puis, elle erra comme une âme en peine, le long des remparts, en proie aux pires tourments, et courut se précipiter du haut des baous* proches qui se teintèrent de son sang pour l'éternité.

À l'endroit même où son corps s'enfonça dans le sol, une source jaillit et l'on raconte que les habitants du pays se dépêchèrent de la métamorphoser en puits couvert, afin que la dépouille de la défunte reste à jamais à l'abri de l'ire des mâles soupçonneux ! On dit aussi que le promeneur avisé et observateur saura lire, dans les ombres des reliefs alentour, le sombre profil du sieur Raymond.

De ce dramatique épisode est née en épilogue l'ocre, pigment autour duquel s'est créée toute une industrie aux activités diversifiées, dirigées vers le délicat domaine de l'esthétique domestique, à dessein de confectionner poterie, peinture et patine.

En Vaucluse, on l'emploie, depuis des siècles, pour colorer les façades, qui prennent ainsi une chaude nuance de terre ignée.

Villages et paysages se confondent alors, pour donner vie à des sites uniques, en une symphonie fantastique de vermillon, incarnat, vermeil… qui contraste plaisamment avec l'émeraude des pinèdes.

Une contrée où la nature se fait magistrale, dans un univers fascinant, saisissant et troublant de cirques, cheminées de fée, scialets et mille autres reliefs escarpés, où décoration et inclination partagent les mêmes reflets de feu !

L'ÉTOILE DE MOUSTIERS

C'est au ve siècle de notre ère que l'évêque de Riez manda quelques moines de l'abbaye de Lérins, sise sur l'île Saint-Honorat, face à Cannes. Les religieux s'en vinrent promptement dans son diocèse et acceptèrent l'injonction du prélat de s'installer non loin des gorges du Verdon, en un lieu isolé qui devint d'abord *Monasterium*. Puis site privilégié et insolite de dévotion mariale et de pèlerinage.

Moustiers-Sainte-Marie, célèbre bourgade faïencière des Alpes-de-Haute-Provence, s'enorgueillit de conserver et d'arborer un ex-voto extraordinaire, exceptionnel, extravagant, témoignage émouvant d'un seigneur établi à Aups, et troubadour de son état, en fervent remerciement de sa prière exaucée.

Une étoile à cinq branches, suspendue en plein ciel, entre deux pics abrupts, par une chaîne de deux cent vingt-sept mètres de longueur, surplombe bel et bien la vallée escarpée du Rioul.

Le village est en effet construit en amphithéâtre sur un immense bloc tufier, au seuil d'une crevasse béante. De la falaise calcaire aux tons ocrés, surgit ce torrent rugissant qui dévale la pente en une dégringolade de cascades en enfilade. « Un décor de Châtelet pour une pièce à grand spectacle » confiait le chantre du terroir !

Un gentilhomme de Blacas, capturé par les Sarrasins à la prise de Damiette, lors de la croisade de 1249, fit vœu, s'il revenait vivant du périlleux périple pérégrin, de dédier un gigantesque cadeau de piété stelliforme à la Madone :

« S'il m'est permis de revoir ma patrie, Très Sainte Vierge Marie, j'accrocherai, entre les deux rochers réputés invincibles qui dominent la chapelle Notre-Dame-de-Beauvoir, un luminaire tel qu'au firmament, en argent massif. »

De retour sur ses terres, il considéra que semblable quantité de métal rare représenterait une fortune et, perplexe, osa, ô prétexte ! suggérer qu'une pareille richesse ne servirait qu'à exciter la convoitise des voleurs.

L'évêque de Riez, consulté par acquit de conscience, réfléchit longuement à l'argument et déclara, roué, que du simple fer ferait l'affaire.

« À condition toutefois que la différence de coût intègre la cassette ecclésiale pour aider à la réfection d'un sanctuaire ! »

Depuis ce temps, l'astre stellaire relie religieusement les rugueuses rives du ravin !

LE TRAIN DES PIGNES

C'est en 1861 que l'ingénieur dignois Alphonse Beau de Rochas, inventeur du moteur à quatre temps, imagina de raccorder par voie ferrée la ville de Nice, récemment annexée à la France, à Grenoble, en traversant notamment la vallée du Var.

L'édification de la ligne engagea des travaux pharaoniques qui virent successivement, au début du XXe siècle, plusieurs centaines d'ouvriers affronter, durant quelques lustres, éboulis, crues, affaissements de terrain, pour forer des galeries, ériger des viaducs et des ponts métalliques à une hauteur vertigineuse, ainsi qu'en témoigne le tunnel de la Colle-Saint-Michel, creusé à une altitude de 3457 mètres.

Le train des Pignes, des Chemins de fer de Provence, qui relie Nice à Digne-les-Bains sur une distance de 151 kilomètres, connut, certes, une genèse mouvementée, mais engendra une allégresse peu commune.

Malgré les vicissitudes de l'Histoire qui faillirent avoir raison de ce moyen de transport pourtant fort pittoresque. La Grande Guerre et le développement de l'automobile lui portèrent un coup sérieux, ains non fatal.

Dans les années trente, les menaces de fermeture se succédèrent, et il enregistra un arrêt d'exploitation. Néanmoins, il renoua avec un succès flagrant, certaines saisons après, le diesel et l'autorail ayant avantageusement remplacé la chaudière. Le gain appréciable d'inestimables instants, réalisé sur la durée du déplacement, relança son activité.

Les aléas financiers ou politiques furent légion cependant, tout cela n'était rien comparé aux affres climatiques qui inquiétèrent fréquemment et sévèrement les responsables, obligés de faire face aux intempéries intempestives, tempêtes de neige effroyables, orages torrentiels, inondations catastrophiques.

De nos jours, il est encore possible d'emprunter les fameuses voitures aux banquettes de bois verni, au confort désuet, tractées par une altière vieille dame, née en 1909 et classée monument historique, qu'un chauffeur matinal et motivé allume dès l'aube, tant il est vrai qu'on ne fait pas bouillir six tonnes d'eau en une fraction de seconde !

Si la ligne peut encore s'enorgueillir d'un total de 56 ouvrages d'art et tunnels, plantés ou percés dans un décor de rêve dont le point culminant se situe à 1022 mètres au-dessus du niveau de la mer, le voyageur en mal de sensations – qu'une météo parfois chagrine ou mutine taquine ! – ne parcourra qu'un trajet limité.

Ce circuit touristique menant de Puget-Théniers à Annot, lui procurera l'impression grisante, grâce au retour et au recours à la vapeur, de participer à l'épopée du rail, lui remémorera l'inauguration de cette voie mythique dans la liesse.

Une question toutefois le taraudera : d'où vient ce fameux nom de train des Pignes ?

Certains compagnons de wagon lui répondront qu'il fut choisi par analogie avec les pignates, ces marmites italiennes dont le fond noirci ressemblait étrangement aux locomotives couvertes de suie.

Un autre lui racontera que les citadins revenaient volontiers de leur balade du dimanche, les poches gonflées de pommes de pin, en souvenir de la bucolique excursion.

Une voisine lui affirmera que la vitesse était si lente qu'elle permettait aux usagers de descendre sur les bas-côtés pour ramasser des pignes.

Enfin, un passager cultivé lui confiera dans un souffle :

« Il a hérité cette appellation d'un épisode qui a marqué profondément tous les agents. Une nuit de Noël qu'une pauvre garde-barrière, restée seule et démunie avec son enfant souffrant, s'était trouvée à court de bois de chauffage, une équipe de cheminots, altruistes et compatissants, s'arrêta devant le passage à niveau qu'elle surveillait consciencieusement et partagea avec la malheureuse sa réserve de charbon. Hélas ! la locomotive vint à manquer du précieux combustible. Les hommes, navrés, en étaient à s'interroger sur la façon de regagner la gare la plus proche quand les arbres bordant le ballast, secoués par une douce brise, laissèrent tomber leurs cônes au-dessus du tender de la machine. C'est ainsi, cher monsieur, que la locomotive put poursuivre son lent cheminement, alimentée par cette manne magnanime et magnifique, et que le conducteur et ses camarades n'eurent jamais à regretter leur geste généreux. »

LA VIERGE PASSE-MURAILLE DE SAINT-MARTIN-VESUBIE

Saint-Martin-Vésubie est un lieu privilégié de pèlerinage de la Provence. Au cœur d'un massif aux cimes souvent coiffées d'un capuchon neigeux, à quelques encablures de l'Italie, la localité s'enorgueillit du rayonnement de son église bâtie par les Templiers. Ce sanctuaire abrite saisonnièrement, dans une niche, une vierge noire du XIVe siècle, statue de bois somptueusement costumée et parée de dentelles.

Notre-Dame-de-Fenestre trouve là un refuge temporaire et débonnaire contre les rigueurs hivernales d'un climat montagnard rude et redoutable. Elle y attend patiemment la renaissance des beaux jours qui verra son retour solennel, en grand arroi, entre bois et parois, par un entier sentier muletier.

Ses fidèles, dans leur plus beau costume, au sein d'une procession à l'intensité dévotionnelle et émotionnelle exceptionnelle, la porteront, en majesté et en apparat, vers ces sommets sur lesquels elle règne sans partage, jusqu'au proche Piémont.

Elle regagne donc sa chapelle à bras d'hommes, au prix d'une énergie étonnante, d'une marche éprouvante, d'une ascension exténuante.

Dans un site à la beauté sauvage et sèche et stérile, au fond d'un amphithéâtre naturel qui renferme tous les germes d'un sperme générateur de spiritualité exacerbée, s'épanouit l'oratoire marial, comme une fleur de sacré dans ce désert d'austérité et d'altitude.

Notre-Dame-de-Fenestre doit sa curieuse appellation, non à une vulgaire croisée percée dans le mur de l'édifice, mais à une légende bien ancienne, marquée du sceau de l'Histoire.

La tradition rapporte que les Piémontais d'à côté cultivaient une jalousie peu commune à l'encontre des habitants de Saint-Martin. En fait, ils leur enviaient leur protectrice, bienveillante et belle bienfaitrice. Ils résolurent donc de la dérober et de l'emporter, sans autre forme de procès. Élurent deux jeunes gens du village d'Entraigues, italien à l'époque, garçons ni flemmards, ni couards, mais très roublards, pour s'emparer, par un beau matin de printemps, de la digne dame tant convoitée.

Las ! la bonne mère de Dieu fut offusquée du procédé et ne l'entendit pas de cette façon… Dès la nuit tombée, l'effigie s'enfuit, traversant huis et rocs, déterminée à réintégrer sa paroisse. C'est ainsi, en franchissant les flancs abrupts des crêtes acérées de la barrière accidentée des Gélas, dressée à proximité de Saint-Martin, que la Vierge creusa dans la pierre, telle une perrière, un pertinent pertuis.

Comment se peut-il que d'aucuns, savants en mal de rationalité certainement, interprètent la présence de cette fenêtre ouverte sur le ciel comme un accident purement géologique ? Le Caïre de la Madone ne saurait se contenter d'une explication aussi basique et laconique, bref scientifique !

LE PETIT PORTEUR D'EAU

Au bord du Rhône, le visiteur peut découvrir un authentique musée antique à ciel ouvert. Sertie en bordure de l'ancienne route reliant l'Italie à l'Espagne, Arles, joyau de la Camargue, s'étale magistralement, magiquement, mythiquement, sur un territoire immense et mystérieux.

La patrie de Lucien Clergue et de Christian Lacroix avait déjà connu son ère de prospérité avec l'arrivée des colonisateurs latins. Ces urbanistes d'exception enrichirent la cité d'un forum, de temples, de théâtres et de thermes, d'arènes également… Et d'un aqueduc !

À ce propos, les affables aïeules arlésiennes narrent une histoire bizarre, toute de retard et d'impertinence martelée.

Il y a bien longtemps, vivait en cette ville choisie une jeune fille au charme exquis qui répondait au doux prénom de Citronnelle. Elle comptait de nombreux soupirants qui cherchaient unanimement à attirer son attention, à éprouver sa séduction, à mériter son inclination.

Mais tous – ou presque ! – s'éloignèrent prudemment d'elle, lorsqu'un empereur romain en personne vint déposer à ses pieds ses plus humbles hommages.

Il lui manifesta les plus vives protestations d'amour, lui envoya les bijoux les plus rares, rapportés de Grèce, d'Asie ou d'Orient, lui proposa son destrier le plus rapide et le plus racé.

Pour lire une étincelle dans les yeux de la belle, il était prêt à tout. Alors, Citronnelle, consciente de son pouvoir, pour éprouver la constance du puissant enamouré, lui déclara :

« Je serai vraiment à toi si, par-dessus collines, dolines et roubines*, à travers champs d'oliviers et de micocouliers, tu détournes, sur un aqueduc, l'onde fraîche de la fontaine de Vaucluse. »

Le souverain césar, ravi d'avoir réussi le pari de décrocher cette promesse à la damoiselle aux allures de princesse, exulta et, sur l'heure, commanda le colossal conduit.

Chacun s'affaire prestement à sa charge pour que le chantier ne subisse un quelconque ralentissement, ne pâtisse du moindre imprévu, ne finisse par essouffler les meilleures volontés…

Peu à peu, mois après mois, le canal caracole, escalade les montagnes, coupe droit et net au milieu des Alpilles et s'avance jusqu'à l'étang de Barbegal.

Si bien qu'un jour, en plein centre d'Arles, coulent enfin les flots purs et sûrs de la Sorgue. Bienvenus en lieu et place des bouillons rhodaniens, boueux et insalubres.

Le triomphateur se précipite aussitôt chez Citronnelle :

« Voilà, chère amie. Votre souhait est exaucé. J'ai fait construire l'ouvrage que vous appeliez de vos vœux. J'y ai passé sept années et maintenant les travaux sont définitivement achevés ! Veuillez m'accompagner pour apprécier le résultat !

– Merci, grand Empereur. Vous êtes trop bon. Mais vous pouvez aller désormais avec votre aqueduc. J'ai trop attendu votre témoignage d'attachement. Pendant tout ce temps, un petit porteur, chaque matin, venait m'apporter, jusqu'à mon lit, un seau d'une eau délicieuse ; je ne puis pas lui causer de chagrin… Adieu ! »

Et l'affliction se substitua amèrement à l'affection… Moralité, jeunes gens, méfiez-vous et ne croyez que parcimonieusement au serment d'une femme, car il dure rarement plus d'un an ! Ou plus assurément, exécutez plus promptement les ordres de votre bien-aimée… À trop traîner, à trop parfaire, on y perd son cœur et son âme, affirme la fable.

L'ÉLIXIR DU RÉVÉREND PÈRE GAUCHER

Il y a de cela bien longtemps, les pères de l'abbaye Saint-Michel-de-Frigolet fabriquaient déjà de ces spiritueux que tous les religieux distillent au fin fond de leur liquoristerie, afin de faire rentrer quelques espèces sonnantes et trébuchantes dans leur caisse, souvent éprouvée par des actes de charité sans cesse renouvelés.

Ainsi, les chanoines du XIXe siècle, nouvellement arrivés, s'inscrivirent-ils dans la continuité, présentant chaque semaine, sur le marché voisin, quelques flacons de leur production, propre à prévenir les fièvres et les brûlures stomacales, du moins le frère en charge de cette tâche délicate le prétendait-il, d'une voix assurée.

Cependant les bénéfices restaient maigres. La communauté envisagea derechef de contacter des sortes de dépositaires qui diffuseraient les dives bouteilles.

Mais la liqueur ne se vendait guère, malgré les efforts des apothicaires et autres vicaires de la région, qui ne cessaient d'en vanter – aussi à qui ne voulait pas même l'entendre ! – la formule parfumée et mordorée, de composition simple, à base d'une graine exotique et d'indigènes plantes au bouquet précieux. Et son prix, bien que très attractif, ne semblait pas davantage retenir l'attention de la population.

Le frère gestionnaire de la boutique de l'établissement monastique avait beau dessiner des étiquettes plus inventives, plus incitatives, au trait plus incisif, plus instinctif, ses efforts n'enregistraient aucun mieux sur la situation du livre de comptes, faute de nouveaux acheteurs.

Finalement, après maintes tentatives plus infructueuses les unes que les autres, le proviseur de l'abbaye – qui appartient à l'ordre de Prémontré depuis 1858 – sur le conseil d'un ami avisé, confia à Alphonse Daudet le soin de promouvoir ce produit du terroir et du travail des chanoines.

L'écrivain se devait d'inventer quelque conte savoureux qui inviterait à l'acquisition du mirifique breuvage. Un livret serait adonques offert avec la liqueur pour en narrer la naissance facétieuse, fabuleuse, fameuse.

L'auteur nîmois choisit de raconter sur un ton plutôt humoristique les péripéties, pantomimes et pérégrinations de l'inventeur de cette boisson d'exception qui réussit, par on ne sait quels prodiges et prouesses, à métamorphoser en grâces ses maladresses, après moult opérations obscures ou cocasses, d'alambics en cornues et différents instruments de chimie distillatoire…

Malgré tout le talent du littérateur, et la réclame dont bénéficiaient ses écrits – jusqu'à Paris ma bonne dame ! – au début les ventes ne progressèrent que lentement.

Si l'élixir de Frigolet valait bien toutes les chartreuses ou bénédictines à mille lieues alentour, cela ne se savait toujours pas. Encore aurait-il fallu lire la lettre de Daudet ! Elle passa même inaperçue parmi les convers qui omirent de la réciter au réfectoire, à l'heure du souper ! C'est dire…

Mais peu à peu, les amateurs eurent vent de l'heureuse initiative et l'on se mit à consommer de ce nectar qui réveille et ensoleille tout l'estomac.

Cela laisse à penser l'avantage du littéraire et de l'imaginaire sur les sommaires techniques de commercialisation. Le miracle s'accomplit pleinement puisque cette liqueur puissamment parfumée est désormais renommée dans le monde entier.

De nos jours, les pèlerins et les visiteurs se pressent pour découvrir ce discret prieuré, empruntant une pittoresque route en lacets, perdue dans les pinèdes, et ponctuée de stations de chemin de croix qui lui confèrent un air moyenâgeux.

L'abbaye Saint-Michel-de-Frigolet, tirant son nom de la farigoule, nom provençal du thym, fut jadis transformée en pensionnat pour jeunes gens et elle reçut un élève célèbre, poète et ardent défenseur de la culture d'oc, le fameux créateur de *Mireille*, originaire de Maillane.

En cherchant bien, sous les buissons de la garrigue* qui cernent les bâtiments conventuels, on trouverait, comme Frédéric Mistral en culotte courte, des pétrifications qu'on a baptisées dans le pays du nom insolite de pierres de Saint-Étienne. Et regretterait de ne pouvoir s'exclamer à l'imitation du félibre : « O arômes ! ô clarté ! ô délices ! ô mirage ! ô paix de la nature douce ! Quels espaces de bonheur, de rêves paradisiaques vous avez ouverts sur mon enfance ! »

LA NAISSANCE DU CALISSON

Les sucrecuitiers d'Aix peuvent s'enorgueillir de perpétuer une recette de suprême originalité qui voit des amandes de la meilleure qualité être finement broyées par des meules de pierre séculaires, puis délicatement mélangées à de la pulpe de melon et… de l'écorce d'orange, toutes deux confites.

À ce moment crucial, le théologal rejoint le royal, lorsque la chair fruitée, fondante, s'allie à l'hostie nivéale, craquante, et se drape dignement d'un voile sucré de glace immaculée.

La légende est vivace comme violette en vernale saison. Et si la coutume perdure de nos jours, c'est indiscutablement grâce à l'influence souveraine de la reine Jeanne, bien aimée des Provençaux. C'est grâce à sa discrète détermination qu'il leur est permis, en ce troisième millénaire, de goûter chaque jour une friandise si raffinée.

La tradition relate que c'est au cours de son repas de noces, tandis que divertissements divers, jeux d'esprit et poèmes d'amour des troubadours de cour amusaient à l'envi les convives du banquet, que Jeanne de Laval, l'austère princesse, esquissa son premier sourire, en découvrant la navette d'or et d'albe qu'un page lui tendait, sur un petit plateau d'argent habilement ouvragé.

Cette exquise douceur fut présentée à la reignante dame, en guise de sortie de table, de surprise, fi de roublardise.

Aussitôt séduite par la subtilité et la succulence de cette sucrerie, elle se tourna vers le bon roi René, son époux, et lui demanda d'une voix suave :

« Comment appelez-vous, Sire, ces losanges au goût merveilleux d'amandine ?

– Di câlin soun*, ma mie, répondit, ravi, le monarque.

– Des câlins ! Quel nom inouï… »

Dès lors, ces confiseries furent de toutes les réjouissances, de toutes les bombances, de toutes les festoyances.

Ne dit-on pas aussi qu'on distribua, quelques siècles plus tard, pendant une célébration en commémoration d'une sévère épidémie de peste qui avait sévi dans la région de Marseille – et outrageusement décimé une partie de la population – des calissons bénits aux fidèles recueillis et terrorisés par le mal subi ?

« Venes toui i calissoun ! » enjoignait le prêtre qui récitait la messe en langue du pays en lieu et place de l'universel latin *Venite ad calicem*. Mais les participants ne cédaient pas là à un ignoble péché de gourmandise, ils invoquaient tout bonnement le ciel de les protéger de l'horrible calamité, entonnant avec grande piété des cantiques plaidant pour le salut de leur âme et de leur corps.

Il était écrit que le calisson relèverait à jamais du domaine du sacré.

LE DOLMEN FÉERIQUE DE DRAGUIGNAN

Il est près de Draguignan, sur la route de Castellane, un lieu magique, mythique, mégalithique. Un dolmen élevé sur un tertre dominant la ville vieille. Trois pierres gigantesques, levées par les bras d'un géant, supportent une table pesant pour le moins plus de deux cents quintaux.

Une triade d'arbres, symboliques des pratiques celtiques méridionales, le protègent : un chêne, un micocoulier et un genévrier. Ce sanctuaire, qui aurait servi sur des siècles aux cérémonies druidiques, possède une bien énigmatique et bien dramatique origine, si l'on en croit les fées.

L'une d'entre elles se plaisait à se travestir en bergère. Aussitôt déguisée, elle se rendait dans les prés, sous les bosquets de grenadiers et d'amandiers, où elle jouait de la musique. La fausse chevrière aimait à entonner de tendres mélopées en s'accompagnant de sa mandoline. Seulement sa grâce et sa voix ne manquèrent pas d'envoûter un génie ingénu des environs, lequel ne rêvait plus que de convoler avec la pastourelle.

Un jour qu'il s'enhardit à lui demander sa main, celle-ci lui confia qu'elle n'accepterait de contracter les liens du mariage que s'il s'engageait, en gage de l'intensité de ses sentiments, à relever le défi qu'elle lui aurait soumis.

Et uniquement si la cérémonie se déroulait autour d'une table formée de trois monolithes monumentaux, surmontés d'un bloc. Elle les lui décrivit minutieusement. L'amoureux transi les reconnut pour être les pierres qui, depuis mille ans qu'elles avaient dévalé la montagne de Fréjus, sommeillaient au fond d'une gorge voisine.

Le soupirant s'attela sans tarder à la tâche. Réunissant toutes les ondes, tous les courants, toutes les énergies qui circulaient en lui, mobilisant sa force physique et ses dons surnaturels, il parvint, plutôt péniblement, à soulever les deux premières mais impossible de hisser la dernière malgré des assauts répétés et désespérés qui n'ébranlèrent pas même le socle du roc.

Accablé de chagrin et honteux de son échec, le candidat malheureux n'osa plus se montrer et se retira dans une grotte toute proche. Notre fée, désolée, attristée, prit en pitié le pauvre promis pour lequel elle éprouvait quelque penchant.

La nuit suivante, elle entreprit de tracer autour du rebelle rocher un cercle magique. Sur-le-champ, la dalle domptée se dressa dans une débauche de flammes, à l'endroit exact où elle se devait d'être érigée.

La magicienne enamourée attendit patiemment l'aube, afin de guetter l'arrivée de son amant et de partager sa joie quand il découvrirait le prodige.

Las ! le jeune homme, soudain conscient qu'il aimait une ensorceleuse au pouvoir fabuleux, bien plus efficace que ses propres facultés, accepta docilement son douloureux destin, déserta son désir et décida de mourir. Affligée, la belle, par trop exigeante, le suivit dans le trépas.

On raconte que le quatrième élément du dolmen est son corps pétrifié de désolation.

Les amateurs de rêveries et surtout de pierreries n'émettent pas la même théorie, loin s'en faut, que les autochtones. Ils contestent la fin de l'enchanteresse et de l'histoire. Ils affirment que la cabrière ne partagea pas le sort funeste de son prétendant. De fait, la fée finit furtivement en fumée mais ne rejoignit pas le royaume des ténèbres. Durant les nuits alunées d'hiver, par un ciel allumé de milliers d'étoiles comme autant de lanternes étincelantes, elle venait contempler son trésor caché sous le dolmen. Elle récupérait sa baguette magique, qu'elle avait dissimulée au cœur de la dalle lapidaire, et frappait d'un geste auguste le sol.

Alors, les entrailles de la terre s'entrouvraient, litant, livrant, libérant, les coffres entassés, débordants de joyaux.

On dit qu'une jeune fille pure qui l'aurait entrevue à cet instant précis et privilégié se serait vue bénéficiaire d'un cadeau somptuaire : une pleine poignée de perles ou de diamants. Mais de toutes les damoiselles qui ont entrepris une longue veille nocturne à l'ombre des mégalithes, aucune n'a jamais percé le mystère du monument mystique de Draguignan.

Faut-il en conclure impudemment et impertinemment que la pureté est une qualité en voie de rareté ?

LA PASTORALE DES SANTONS

En Provence, la fête de Noël donne lieu à une explosion de couleurs, de chœurs, de saveurs. C'est l'instant unique des traditions précieusement conservées, enfin retrouvées, avec une âme d'enfant. C'est le moment magique où, devant un feu de cheminée, l'assemblée réunie contemple les santons de la crèche, écoute les contes d'autrefois, savoure les délices du terroir.

Le temps de l'Avent est ponctué de gestes symboliques très forts : semer le blé de la Sainte-Barbe qui présagera de l'année à venir, monter la crèche en lui réservant une place d'honneur dans la maison et acheter éventuellement les personnages manquants, participer aux veillées calendales, répétitions publiques et sympathiques du réveillon familial, animées par les vigilants gardiens du folklore local.

Chacun se félicite d'assister à la pastorale, représentation théâtrale populaire de l'annonce faite aux bergers. Et les pitchouns de réclamer inlassablement le récit légendaire qui a vu le jour à Marseille, au cours des premières décennies du XIXe siècle.

« Écoute cette belle histoire, mon chéri ! C'est la nuit de la Nativité. Tout est calme et serein. Trois pasteurs dorment auprès de leur troupeau. Soudain, des chants célestes s'élèvent dans l'obscurité et un ange apparaît qui les réveille. Tirés brusquement de leur profond sommeil, les hommes se lèvent en maugréant…

– Un peu comme Papa le matin ?

– Si tu veux, mon trésor…, et ces pastres* croient rêver en entendant le messager ailé leur parler : "N'ayez pas peur ! Je viens vous faire part d'un grand événement ! Le Sauveur que le monde attendait nous est né dans une pauvre étable. Partez pour Bethléem !" Stupéfaits mais réjouis, nos pastoureaux s'éloignent pour aller délivrer l'étonnante révélation. Chemin faisant, ils s'arrêtent devant les maisonnettes de trois bons vieux : Roustido, Jourdan et Margarido. Ils frappent à coups redoublés à la porte des anciens, de peur que leur surdité ne les empêche d'ouïr, puis le timbre mélodieux du berger Flouret retentit dans le jour naissant.

– Mais il va aussi les réveiller !

– Bien sûr, Loris, mais ce n'est pas grave ! Au contraire, il faut bien les avertir. Et d'ailleurs les vieillards prendront mal la chose au début, se mettront presque en colère puis finalement, ils se laisseront convaincre et leur emboîteront le pas, en direction du mas* voisin.

– En pyjama ? demanda interloqué le bambin.

– Évidemment non ! Ils revêtiront d'abord leurs plus beaux atours. Cette ferme proche est tenue par Benvengu qui est tout le portrait de son nom car il brille par sa générosité et son hospitalité. Il offre son vin sans compter pour arroser l'avènement. La nouvelle commence à se faire savoir dans tous les environs et beaucoup de gens se pressent dans la cour du paysan. On y voit l'Aveugle, qui a perdu son fils, enlevé par des nomades, pathétique.

– Ça veut dire quoi pathétrique ?

– Non ! pathétique, qui inspire de la pitié car il souffre énormément de son infirmité et de la disparition de son garçon. On reconnaît également le Rémouleur, avec son chapeau et son tablier de cuir, toujours prêt à aiguiser sur sa meule couteaux et ciseaux, d'une nature gaie, qui demande simplement qu'on lui remplisse sa gourde en guise de paiement. Il y a encore le Meunier, joyeux joueur de galoubet*, la Laitière, au panier empli de brousses* et divers fromages, le Paniaire*, la Porteuse d'eau, la Marchande de poisson, femme pittoresque au verbe haut et à la coiffe caractéristique. Sont aussi présents le Pêcheur napolitain, la Lavandière, la Fileuse, le Tambourinaire*, et le fameux Ravi, un peu fada* et son épouse – qu'il faut placer en premier dans la crèche car ils portent bonheur – on les identifie grâce à leurs habits rapiécés et leur air étonné et comblé… Et tant d'autres qui exercent des petits métiers… Tiens, j'ai oublié le maire, en costume d'apparat. Il a ceint sa très officielle écharpe tricolore. Il arrive, un tantinet paniqué, suivi à la trace par son fidèle garde champêtre, pour prendre la mesure de la situation. Et le chasseur, ce blagueur, bleuffeur invétéré, la gibecière en bandoulière, aussi menteur que Tartarin, le Mendiant, le Ramoneur…

– Et qu'est-ce qu'ils veulent faire ?

– La fête, mon lapin. C'est la liesse générale. Tout le peuple est heureux. Mais hélas ! en marge de cette euphorie, se noue un drame affreux fomenté par le redoutable Boumian*, qui se félicite de cette allégresse et de l'épaisseur des ténèbres, propices aux méfaits. Pistachié, valet un peu simplet, qui a vendu son ombre au bohémien, se croit subitement poursuivi par le diable et court partout comme un fou, affolé, et il tombe au fond du puits, dans un hurlement déchirant…

– Il s'est fait mal ?

– Sans doute, mais l'alerte est donnée et la foule se relaie pour tirer l'innocent hors du trou. Et vois-tu, une fois l'ordre restauré, le cortège des pèlerins prend la route de Bethléem, guidé par la mystérieuse étoile.

– Ils vont voir le petit Jésus ?

– La Bonne Nouvelle s'est propagée à la vitesse du vent. Tous accourent déposer des offrandes à l'enfantelet réchauffé par le souffle de l'âne et du bœuf. À tour de rôle, ils se prosternent au pied du Nouveau-Né et lui confient leurs peines.

– Maman, et qu'est-ce qu'il leur dit Jésus ?

– Rien, il leur sourit et pour les remercier de tous les présents qu'il a reçus, il accomplit une succession de merveilles, comme autant de signes. Par exemple, l'Aveugle recouvre la vue et retrouve son fils, le Rémouleur est guéri de son vif penchant pour la boisson, le Boumian repenti obtient son pardon, l'acariâtre Margarido abandonne son mauvais caractère pour se montrer aimable, Giget est débarrassé de son encombrant bégaiement, le venimeux et véreux Raoul devient non pas charmant et intègre – à l'impossible nul n'est tenu ! – mais accommodant et décent. Tous sont transformés dans cette marche vers la crèche qui se métamorphose en une véritable course des miracles ! »

Et le petit Loris de s'endormir en songeant à la belle nuit de Noël…

LA FÉE ESTÉRELLE

S'il est bien un massif méridional mystérieux, c'est sans doute celui de l'Estérel, le plus insolite des grands ensembles montagneux de la Provence.

Les ermites, les brigands, les pillards en goguette et les bagnards en cavale y avaient leur patibulaire repaire, près du mont Vinaigre. Ce cosmopolitisme socio-religieux qui voyait se côtoyer malfrats et renégats, voleurs et voyous, anachorètes et anarchistes ne pouvait s'enraciner que dans ce territoire âpre et protéiforme, outragé par les vents, mais qui offre, au détour de chemins raides et rocailleux, de merveilleux panoramas pour qui sait franchir le col de Belle-Barbe, grimper le pic de l'Ours ou randonner jusqu'à la pointe de l'Observatoire.

Il pourrait sembler paradoxal que ces reliefs, qui ressemblent étrangement à un château fort aux tours et profils inquiétants, aux lapidaires sentinelles léonines en veille au large de Saint-Raphaël, peuplés de créatures éprouvées ou réprouvées, aient pour marraine une paisible et païenne fée, baptisée Estérelle.

En effet, au sommet de ces monts tout de roches éruptives composés, enserrés entre les contreforts des Alpes et les profondeurs de la Méditerranée où ils tombent en monumentales falaises de porphyre rouge, les Grecs bâtirent, il y a de cela fort longtemps, un temple en l'honneur de leur dévouée déesse, Diane d'Ephèse.

Pourtant, celle qui vécut sur ces hauteurs, en parcourut les calanques et les îlots, en escalada les pitons et les éperons, les surplombs et les mamelons, en explora les grottes et les escarpements et, finalement, leur donna son nom, fut une gentille magicienne.

Durant des siècles, les femmes en mal de maternité méprisèrent et bravèrent son invisibilité et son intangibilité, pour se porter à sa rencontre parmi buissons et broussailles, affrontant les affres de l'affliction afin d'obtenir d'elle, après moult supplications et invocations, des breuvages de fécondité.

La douce fée recevait fréquemment des offrandes, en guise de remerciements, sitôt l'apparition d'un bambin câlin au fond d'un couffin. L'étymologie de son prénom, qui provient du provençal estello, rapporte à l'étoile – peut-être brille-t-elle plus intensément en ces lieux féeriques ! – et rappelle irrésistiblement aux âmes simples le mot esterlo, désignant la stérilité.

L'histoire prouve que la magie métamorphose les sites grandioses, en osmose avec la nature des choses. Daudet l'a dit qui avait raison…

LE MIRACLE DES ROIS DE MANOSQUE

L'histoire se passe à Manosque, dans les premières décennies du XXe siècle.

Nous sommes au lendemain du réveillon de la Saint-Sylvestre et, comme à chaque fois en pareilles circonstances, il a été décidé d'organiser une crèche vivante pour commémorer l'Épiphanie.

Les villageois volontaires viendront prendre place dans le chœur de l'église, afin de jouer à nouveau la scène – ô combien attachante ! – de l'Adoration des Mages.

Albert, Charles et Guy ont été sélectionnés pour jouer les rôles respectifs de Gaspard, Melchior et Balthazar. Ces acteurs amateurs, d'ardeur, auront pour mission de porter, en une spectaculaire procession à travers la nef, les cadeaux dédiés à l'Enfant Jésus qui, blotti près de la mangeoire, sommeille sous le souffle de l'âne et du bœuf.

L'imitation du trésor est encore plus réussie qu'à l'accoutumée. On est loin de la sobre opulence des présents symboliques des temps bibliques, or, encens et myrrhe. Les plateaux regorgent de somptueux joyaux : bracelets en vermeil, bagues serties de rubis, de saphirs et d'émeraudes, colliers de perles, rivières de diamants, coupes rehaussées d'émail…

Les fidèles, émerveillés par ces splendeurs, redoublent de ferveur pour entonner des chants joyeux, qui s'élèvent au plus haut des cieux.

Soudain, des événements imprévisibles viennent bousculer et basculer ce décor d'enchantement. Un vent violent se met à donner de terribles coups de boutoir contre la porte d'entrée, avant de l'ouvrir brusquement dans un fracas indicible et de s'engouffrer jusqu'au transept.

Quel étrange phénomène !

On devine que, dans la pénombre, sont échangés des cris, des coups, des claques. Une tragédie se noue !

Le sacristain se manifeste enfin, armé d'une lampe. Il balaie d'un rayon de lumière le sol ensanglanté et découvre Gaspard et Balthazar, gisant inanimés sur le dallage. Un des témoins de l'algarade hurle : « Au voleur ! » Mais nul n'a la possibilité d'arrêter l'ombre fulgurante qui se faufile parmi la foule, et fonce et fuit dans la nuit.

« C'est Melchior ! » affirment, affairés et effarés, quelques membres de l'assistance.

Il est vrai que Charles cultivait dans sa vie des zones de ténèbres, qu'il n'abordait sous aucun prétexte. Seulement, de là à le soupçonner ! Qui plus est, de dérober un faux butin !

Personne ne comprend rien à ce geste fou.

Un peu plus tard, un passant trouve le corps inerte de Melchior, derrière la chapelle, dans un fourré. C'est un comble ! Les policiers tentent de mener l'enquête avec diligence, malgré les apparences d'invraisemblance. Ils sont troublés par un fait tout à fait singulier. La victime a été assassinée avant le vol de ce fameux trésor de pacotille. Le Roi mage n'était sans doute pas Charles, constatent les fins limiers.

Le déguisement aura automatiquement autorisé la confusion.

On se demanda longtemps au fond des chaumières et du presbytère ainsi que derrière les barrières du commissariat, qui était ce second Melchior.

L'énigme fut résolue, quelques noëls après, grâce à une lettre d'aveu réceptionnée par le curé et ainsi libellée :

« L'abbé,

Il y a eu un crime voici quelque temps derrière votre paroisse, au moment de la fête des rois. Je vous fais parvenir la clef de ce drame. Le trésor n'était pas une copie mais bel et bien un vrai. Je l'avais confié à ce traître de Charles avant mon incarcération. Et il avait fomenté l'idée astucieuse de transformer la crèche en planque sûre, insoupçonnable. La police n'a pas pu établir de lien entre ce meurtre et moi. Mais au crépuscule de mon existence, je suis touché par la grâce. Incroyable ! Moi converti… Mais c'est ainsi. Alors je voudrais offrir ces richesses, qui ont déjà fait trop de victimes, à vos pauvres. »

LA LIÈVRE GÉANTE DU MONT FARON

Il était une fois une hase géante qui coulait des jours heureux sur les pentes buissonnantes et odorantes du mont Faron.

La bête semblait si belle et si exceptionnelle qu'on en parlait jusqu'à vingt lieues à la ronde. À force de voir vanter sa volumineuse taille, elle était devenue si célèbre qu'elle animait toutes les conversations, qu'elle hantait moult manifestations, qu'elle éclipsait n'importe quelle autre information ou préoccupation.

Chacun rêvait de l'apercevoir au détour d'un sentier muletier, au creux d'un fossé ensoleillé.

C'est ainsi qu'un jeune homme du voisinage, qui se livrait parfois à la pratique du braconnage, pendant la longue période d'hivernage, imagina que l'énorme rongeur au pelage roux agrémenterait avec avantage la composition de son potage quotidien.

Il envisagea donc de se rendre sur la colline aux cent parfums de garrigue* afin de guetter, à l'abri derrière un rocher, sa monumentale proie. À l'heure de la matechote*, il entendit un bruit inédit, mais bien audible. Un trottinement, un piétinement ou plutôt… un clopinement !

Il distingua alors, à la clarté du seul halo lunaire, la silhouette extraordinaire du gigantesque quadrupède, observa sa démarche sémillante et, ô surprise, claudicante ! Il nota que, bizarrement, la brave bestiole possédait des membres de dimensions différentes. Sans doute avait-elle râpé, rongé, rogné ses deux pattes de gauche à toujours courir dans le même sens. Tiens, tiens… Comme c'est étrange !

Il se mit alors à réfléchir gravement. Comment capturer à coup carré, crédible et clinquant le colossal animal ? Brusquement une idée originale s'imposa à lui. Il ne pouvait désormais manquer son objectif.

Il se rendit sur-le-champ jusqu'au port, afin d'emprunter à un pêcheur son filet.

L'homme s'étonna de la demande incongrue et interrogea le chasseur qui, en trois mots, lui détailla son plan. Tous les papés assemblés sur la jetée, à se chauffer à la cheminée du roi René*, conjointement consternés et condescendants, s'esclaffèrent !

« Peuchère ! S'il se met à courir derrière la lièvre, en plus avec des rets, il n'a pas fini de barruler*… »

Notre traqueur, imperturbable, convaincu qu'il était de sa réussite, s'empara de cette arme qu'il croyait imparable, et escalada joyeusement les flancs de la montagne, à la poursuite de son rêve et de la phénoménale créature.

Mais de prise fabuleuse, il n'y en eut point !

Certains assurent que le gaillard guilleret et goguelu faillit se prendre les pieds dans les mailles du carrelet et se briser le collet… et que ce fut chance s'il revint. Pardi ! La hase, probablement déséquilibrée par ses pattes usées, avait basculé dans le ravin où était tendu le bolier*. Mais elle était si lourde et elle se débattait si fort, que les mailles de sa prison de corde s'étaient déchirées, la libérant opportunément.

D'aucuns, superstitieux, se rassurent, préférant que ce gibier légendaire reste à surveiller les arbustes disséminés sur les contreforts du massif.

Les derniers censurent une aventure qui priva notre malheureux héros d'allure et d'envergure.

Nul ne saura jamais la fin de cette mésaventure mais il est avéré, en tout cas, que la tentative excita la convoitise d'autres pêcheurs qui tentèrent vainement leur chance car ces débusqueurs d'un soir s'en revinrent pareillement bredouilles, sans même avoir croisé la sauvage lapine.

On perçoit quelquefois, avec un brin d'effroi, au coin d'un sous-bois, un souffle singulier, agitant une touffe de thym ou de romarin, un roulement de pierres dévalant la butte. Chut ! Ce doit être elle qui déserte son terrier et s'en vient rôder par là…

Le langage populaire a gardé trace de cette anecdote qui, pour qualifier quelqu'un croyant à l'improbable et courant après l'impossible, résume la situation d'un dédaigneux ou désappointé : « Il espère attraper la lièvre du mont Faron ! »

LA GUÉRISON MIRACULEUSE DE JEAN XXII

Après son élection à Lyon, en l'an de grâce 1316, Jean XXII, alors qu'il se rendait en Avignon, fit étape à Valréas, cette charmante bourgade à la vocation agricole ancestrale, à la tradition viticole magistrale. Mais le pape était fort souffrant.

Moult apothicaires et autres thérapeutes se tiennent autour du lit du successeur de Pierre. Affairés, ils glosent, composent et proposent potions, décoctions et maintes ponctions.

Mais rien n'y fait. L'état du malade empire.

Un matin, un vigneron vient à passer à proximité de la papale suite.

Il livre là quelques tonneaux de son divin breuvage, élevé en nobles fûts. Le bruit attire l'attention de notre prélat qui clame et réclame, exigeant de goûter ce vin dont la renommée de qualité s'est répandue ainsi qu'une traînée de poudre, dans l'entière contrée et bien au-delà, jusqu'en étrangère terre.

Jean XXII trempe ses lèvres tremblotantes, boursouflées de fièvre, et entaillées de profondes crevasses, dans la coupe toute de pierreries et verreries sertie, qu'on lui tend gentiment. Ses yeux battus, ses traits tirés, son front plissé trahissent un épuisement incommensurable.

Ses proches sont inquiets. Est-il vraiment raisonnable de donner ainsi un pichet de jus de la treille, aussi savoureux soit-il, à cet homme si faible ? Ne va-t-on pas de la sorte précipiter un si funeste sort ? Ne va-t-on pas de telle façon accélérer le néfaste processus ? Surtout ne va-t-on pas permettre à ce païen de Bacchus de triompher, en aidant involontairement la Camarde à emporter ce souverain serviteur de Dieu !

Que nenni !

Le pape s'en trouva affermi, ragaillardi, guéri !

On raconte que le pontife, enthousiasmé et ovationné, voulut disposer à volonté et à vie de ce vin de Valréas et, pour ce faire, acheta la cité au Dauphin du Viennois. En outre, cette ville lui offrait une place forte valeureuse, au vu de ses vindicatifs voisins, entre ses États d'Avignon et du comtat Venaissin.

Les viticulteurs de l'Enclave des Papes perpétuent maishui, dans leur cave, cette suprême tradition d'élevage de crus prodigieux, fameux et généreux.

LE TOMBEAU DES GÉANTS

Voisine mutine de la Camargue, la Crau, delta fossile de la Durance, s'étendait originellement sur des dizaines de milliers d'hectares.

Des dimensions d'exagération, une composition sans comparaison, une végétation d'exception.

Cet espace insolite, aujourd'hui bien rétréci, ce territoire à la flore rase et rare que se disputent quelques troupeaux de moutons, en mal de ce foin fameux et fabuleux, favori du bétail familier de la monumentale rocaille, a toujours intrigué géographes et géologues et ce, dès l'Antiquité.

Chacun s'échina à élaborer sa théorie. Aristote imagina une anecdote non dénuée d'extravagance. Les entrailles de la terre en colère, agitées de tremblements terrifiants, vomissant des tonnes de caillasses, glissant dans les dépressions du relief ! Les suggestions les plus fantaisistes ont circulé. Du lac pris par les glaces qui éclate, selon Posidonius, aux débris de gros rochers brisés, à diverses époques, qui roulent et s'enroulent, si l'on en croit Strabon.

Pourtant la vérité est toute simple !

En des temps immémoriaux, les Géants, fils de Caïn, régnaient royalement sur la région. Mais leur royaume leur semblait fort étriqué. Ils pensèrent donc sans vergogne que leur place était au ciel.

Poussés par un orgueil démesuré et démoniaque, dément même, ils commettent le sacrilège de tenter de détrôner le Très-Haut. Seulement, pour l'atteindre, il leur faut déplacer des montagnes – la Montagnette fera notamment l'affaire ! – s'emparer de la Sainte-Victoire, arracher les Alpilles et hisser ces quelques massifs sur le sommet du mont Ventoux.

Perchés au faîte de cet échafaudage cyclopéen, ils se feront la courte échelle et parviendront, sans la moindre difficulté, à renverser le Seigneur.

Mais Dieu, qui voyait tout, décida de punir leur audace insensée. De sa main qu'il ouvrit en un geste solennel, s'échappèrent, tels trois aigles, le Mistral, la Foudre et l'Ouragan, forces formidables et fortunées, qui foncèrent et fondirent à la recherche de rocs ronds, roulés par les flots des mers et des rivières. Ils s'en emparèrent sauvagement…

Alors un nuage galopant, menaçant, terrifiant obscurcit l'horizon, puis creva soudainement, ensevelissant les Géants présomptueux sous des trombes de galets.

La plaine de la Crau est devenue définitivement, perpétuellement, irrévocablement, leur étrange et éternelle sépulture, un champ de roches pour des colosses au projet d'argile…

L'eau, désormais apportée par le biais de l'irrigation, a permis à ce pourpris de pâturage sans pareil de s'ouvrir au maraîchage.

Ainsi s'accomplit la métamorphose d'un désert de pierres en jardin de foin…

LA BÉNÉDICTION DES BOUTEILLES DE BOULBON

La petite ville de Boulbon, nichée à l'abri des ruines de son château féodal, semble avoir été taillée dans la Montagnette, tellement la pierre des bâtisses et celle des rocs et falaises du site, semblent ne faire qu'un. Les alentours regorgent d'ailleurs de baumes* et sites troglodytiques qui séduisirent plus d'un adepte de la vie érémitique.

Chaque année, au début du mois de juin, se déroule, dans une virile liesse, une procession des bouteilles, selon un rituel qui remonte au fond des âges, murmure-t-on.

Les pèlerins, une fiolo* à la main, se rendent, en un cortège animé, jusqu'à la chapelle dédiée à saint Marcellin où, esquichés* comme des sardines, ils assisteront à une messe au cérémonial médiéval, dont le faste baroque, de couleurs et de cantiques codifié, contrastera étonnamment avec le dénuement coutumier des lieux.

En l'an 304, si l'on en croit l'hagiographie, celui auquel Constantin fit élever une église sur son tombeau, alors prêtre de Rome, refusa obstinément de sacrifier aux faux dieux du paganisme. Il fut donc jeté, en compagnie de

Pierre l'exorciste, dans un cachot sombre et humide, dont le sol était juché de tessons de céramique.

L'homme, à qui l'on avait arraché brutalement ses vêtements et ses sandales, n'y voyant rien dans ce boyau sombre, se blessa en foulant les débris de poteries éparpillés.

Sur-le-champ, un ange lui apparut qui l'aida à se relever. Rétabli sur ses jambes, le martyr ramassa à terre un morceau d'amphore, taché de son sang, et le pointa vers le ciel en disant :

« Seigneur, je vous remets ceci en guise de sacrifice ! »

Aussitôt le miracle se produisit. Marcellin tenait, entre ses mains levées, une pleine amphore du meilleur vin, d'une belle qualité, semblable en tous points au breuvage obtenu dans les caves de la localité provençale par les plus habiles vignerons.

C'est là, au creux des tonneaux séculaires, que résidait d'ailleurs le secret de la richesse de Boulbon.

On comprend aisément pour quelle raison la légende rapporte que ses habitants invoquèrent ce patron bon pèr l'aigo e bon pèr lou vin*, afin de les protéger de mille maux, des crues du Rhône, certes, mais aussi des intempéries, épidémies et incuries de toute nature.

Inspirés qu'ils étaient par les moines de Montmajour en séjour à Saint-Michel-de-Frigolet, conscients de ses bénéfiques intercessions pour guérir les malades du paludisme, ces fièvres d'Arles qui sévissaient dans les zones marécageuses des environs, et pour garantir des vendanges abondantes et alliciantes, célébrées par de mémorables vigneronnades.

LA CHÈVRE MAUDITE

Il était une fois une chèvre qui, probablement en raison de ses mœurs légères et de son caractère capricieux, avait été damnée et condamnée à séjourner aux Enfers.

Mais son comportement turbulent et tracassier lui valut d'obtenir l'autorisation de quitter ce lieu d'expurgation – où elle ne pouvait s'ébattre librement – et d'habiter un antre profond à côté d'un fort du port de Toulon.

Au XIIIe siècle, paraît-il, une femme, qui trottinait très tard par les rues désertes de la cité, rencontra cet animal réprouvé qui rôdait, à la recherche d'un quelconque repas.

Icelui s'en saisit aussitôt pour l'entraîner au fond de sa caverne où il la dévorerait, avide qu'il était de chair humaine.

Sur les supplications de la malheureuse qu'elle supplicia, lui arrachant la promesse de ne jamais dire mot sur leur rencontre, de ne plus circuler dehors après le crépuscule et bien d'autres engagements teintés de cynisme, la cabre* lui épargna la vie.

La prisonnière était, depuis des années entières, enfermée dans la tanière de la bête maudite quand elle bénéficia, par la grâce de Dieu, de l'opportunité inespérée de s'enfuir. Elle s'échappa donc, sans demander son reste, profitant de la sortie, à la nuit tombée, de son cerbère caprin, en quête d'une nouvelle proie.

Elle s'empressa de réintégrer son foyer, mais aucun membre de la famille ne la reconnut tellement elle portait les stigmates de la souffrance endurée. Elle semblait avoir vieilli d'au moins dix décennies !

Tant elle avait subi de privations et autres mauvais traitements !

S'il est une morale à cette histoire, peut-être invite-t-elle à ne pas s'attarder dans des endroits obscurs et peu sûrs… hantés par une créature maniaque et démoniaque !

Elle s'en fut alors, refusée, reniée, repoussée, destinée comme une pestiférée, une paria, une parasite, à errer à son tour.

LA LÉGENDE DE NOTRE-DAME D'AUBUNE

Le prieuré de Notre-Dame d'Aubune se dresse, solitaire, au pied de l'oppidum du plateau aride de Durban. Ce petit ermitage roman, au clocher carré caractéristique, qui s'orne de pilastres cannelés et de colonnes sculptées, aurait été implanté sur les ruines d'un antique culte païen.

Selon la tradition, Charlemagne, dit-on, fit halte en cet endroit mémorable avec son armée, la veille d'une attaque contre les Sarrasins.

Les combats menaçaient d'être violents et l'empereur à la barbe fleurie et griffaigne, nonobstant la confiance qu'il plaçait en la bravoure de ses troupes, était loin de considérer l'affrontement comme gagné.

Il convoqua donc solennellement tous ses chefs de guerre et leur détailla sa stratégie belliqueuse, afin de délivrer définitivement la contrée de ces Maures qui entendaient la soumettre à leur insatiable soif de pouvoir et de domination.

Le lendemain du sanguinaire conflit, victorieux après d'âpres appréhensions et autres affligeants assauts, le vieux soldat voulut manifester sa reconnaissante gratitude à la Vierge, dont il avait sollicité l'assistance, et décida de lui élever une chapelle sur le champ même de la bataille.

Mais le diable, fort irrité par la construction du sanctuaire, voulut précipiter sur l'édifice un énorme rocher, qu'il arracha rageusement à la montagne, à l'aide de sa fourche.

La Vierge, alertée par un formidable grondement de tonnerre et une insupportable odeur de soufre, sortit alors de son église et arrêta le gigantesque roc sur-le-champ, de la pointe de sa quenouille.

Depuis, ce bloc de pierre, à la silhouette menaçante, est resté accroché à la falaise dominant l'oratoire.

Il contribue conséquemment à la continuelle commémoration de l'impériale reconquête, sous l'œil bienveillant du firmament.

LA FOIRE DE CARPENTRAS

Par un matin de novembre, Toine, Jean et Nicolas se levèrent dès potron-minet. Ils se débarbouillèrent et déjeunèrent en hâte car ils voulaient se rendre à la foire de Carpentras. Puis ils se pressèrent d'atteler leur mulet et de prendre place dans leur charrette, astiquée et affriolante comme un sou neuf.

Une foule de forains fébriles envahissait les rues et places de la cité, réputée pour la vivacité de ses activités.

Sa foire aux chevaux, son marché aux rabasses*, son commerce de plants de vignes, de bois et autres biens et liens, ô combien irremplaçables pour la gent comtadine agricole, drainant là, au pied du mont Ventoux – géant séculaire et tutélaire, débonnaire, avec son bonnet neigeux, généreux à fournir diamants noirs et vins rosés – une population qui se pique bientôt au jeu, butine, badine, s'échine et chine, dans ce bazar de plein air bien peigné, pittoresque et propice.

Quelle animation ! Ce n'était que contestations, tractations et négociations. Le tout au sein d'une familière atmosphère de mystère !

Parvenus devant la multitude d'étals déployés sous leurs

yeux, ils flânèrent, s'attardèrent, ébahis, incapables de décrocher le moindre mot.

La journée durant, nos compères vaquèrent à leurs affaires. Quand le soir vint à tomber, ils quittèrent fort fiers la prospère Carpentras.

Ils parvenaient juste à Aubignan lorsqu'une noirceur d'encre les surprit. Ils décidèrent donc de faire étape dans une auberge proche.

« Nous souhaiterions passer la nuit ici, expliqua l'un d'entre eux.

– J'ai justement une chambre disponible, qui vous conviendra sans nul doute ! » proposa le maître des lieux.

La pièce, spacieuse et chaleureuse, était protégée du bruit et de la lumière par d'épais volets de chêne, mais les garçons n'y prêtèrent pas attention. Dans leur bourgade, on n'avait pas l'habitude d'habiller les ouvertures de contrevents.

Les voyageurs, fatigués du trajet et du travail, ne se firent pas prier pour se coucher et s'endormirent aussitôt.

La matinée du lendemain trouva Toine dubitatif.

« Tout semble bien sombre encore ! Pourtant, j'ai dormi tout mon soûl. Si je me fie à mes impressions, il doit être l'heure de se réveiller, déclara-t-il solennellement.

– Regarde, il fait aussi noir que dans un tunnel. On peut paresser un peu ! »

Ils flemmardèrent donc au lit. Il était environ midi lorsque Toine, toujours aussi songeur, réitéra :

« C'est incroyable. Je suis persuadé que c'est le jour maintenant !

– Je vais vérifier, répondit Jean. Il suffit d'ouvrir la fenêtre ! » Mais il commit une grosse méprise, se dirigeant à tâtons vers le placard, dont il tourna vigoureusement la paumelle. « C'est inimaginable… Il fait aussi foncé dehors que dans un four ! Pas une étoile, pas une lanterne. On a la possibilité de sommeiller sous les draps… »

Toutefois, Nicolas s'exclama une poignée de secondes plus tard :

« Le pot de chambre dégage une odeur désagréable !

– Je vais le vider », suggéra Jean.

Il fut sur pied d'un bond, saisit l'anse du récipient de faïence et, croyant entrebâiller la baie, en jeta le contenu contre le fond de la penderie. C'est ainsi que les eaux usées du vase d'aisance maculèrent les étagères et éclaboussèrent le visage de cette coucourde* de Jean, qui résolut de s'en retourner sous son édredon en plumes de dindon, étonné des caprices d'une météo nice.

« Quel sale temps ! Ça mouille vraiment beaucoup ! Je suis trempé ! Mais la raysso* sera passée quand nous devrons sortir d'ici. En attendant, patientons bien au sec sous le polochon ! » Et notre naïf de replonger dans les bras de Morphée !

L'aubergiste, inquiet de ne pas les voir redescendre, et se demandant si, des fois, ils n'étaient pas morts, monta les visiter et les découvrit, lovés sur le moelleux matelas.

Les trois retardataires apprêtèrent prestement leur carriole et se mirent promptement en route.

Ce n'est qu'à la vesprée qu'ils atteignirent Vacqueyras. Soucieux, ils interrogèrent l'hôtelier :

« Pouvez-vous nous renseigner, brave homme. Est-ce que la nuitée dure ici aussi longtemps qu'à Aubignan ?

– À peu de chose près, cela doit être pareil, je pense.

– Eh bien, si c'est le cas, nous n'avons déjà perdu que trop d'instants précieux. Nous préférons poursuivre notre chemin, peu importe si nous arriverons tard. Adieu ! »

Et notre trio d'ingénus s'appliqua à regagner son village et ses pénates, à la seule lueur lunaire. On peut parier qu'ils n'expérimentèrent plus semblable nocturne interminable, éveillés qu'ils étaient dès l'aube par le prodigue soleil provençal, dardant malicieusement, à travers les vitres, ses rais ardents et matutinaux.

Gageons que jamais ils ne conçurent l'idée audacieuse et saugrenue d'obstruer leurs croisées transparentes d'opaques carreaux, occultant carrément – quel crime ! – la clarté et le cri du coq !

LE TRÉSOR DES BAUX

L'éperon calcaire des Baux, dressé entre le val d'Enfer et le vallon de la Fontaine, telle la prestigieuse proue d'un vaisseau lapidaire immobile, domine un paysage austère que seuls quelques pins rabougris, de sombres taillis et des arbustes aux épines pourtant douloureuses rachètent de son inhospitalité.

Les rochers déchiquetés par quelque créature diabolique en colère, les grottes hantées de vieux démons hideux, les tombeaux outrageusement abandonnés, depuis des décennies, tout contribue au fantastique de l'atmosphère et attribue au site un caractère ambivalent. Le voyageur, égaré sur un sentier chevrier, éprouvera successivement admiration face à la majesté des lieux – grandioses, d'une dimension élémentaire de bout du monde – et appréhension devant cette thébaïde, lugubre entre chien et loup.

Le village perché, protégé des invasions, des dévastations et autres exactions par sa citadelle, plantée comme un nid d'aigle au sommet du piton, conserve de son passé tourmenté de magnifiques pierres sculptées et de typiques façades Renaissance.

L'ancienne forteresse des propriétaires des Baux, descendants comme le veut la légende du mage Balthazar, qui refusèrent la tutelle des comtes de Provence et régnèrent sur un territoire, certes morcelé, mais s'étendant du Var à la Drôme, ce castelas* donc est le dépositaire d'une singulière aventure, dont la narration se transmet dans le plus grand mystère, de génération en génération.

Il était une fois un roi en plein désarroi qui vivait en ce donjon humide et froid, seul avec son unique descendante. Désespéré de ne pas posséder d'héritier, il s'obstinait à lui chercher le mari idoine. À savoir un homme puissant, qui protégerait son royaume. Mais la jouvencelle restait très réservée quant à ce choix.

Dubitative, méditative, dans l'expectative, elle proposa au monarque réjoui une stratégie inouïe :

« J'irai dès demain musser mon collier en or dans le village des Baux. À mon retour, nous propagerons amplement la nouvelle que j'épouserai celui qui le dénichera. »

Le lendemain, la jeune fille partit, dès potron-minet. Mais le soir venu, elle ne s'en était toujours pas retournée au château. Le souverain, inquiet, guettait par une des meurtrières l'entrée par laquelle il était prévu qu'elle se faufile, une fois son projet accompli.

Il y avait déjà bien longtemps que la lune diffusait sa clarté blafarde au-dessus des toits des familles baussenques endormies, quand soudain le mistral, qui avait pour violente habitude de fouetter inlassablement les murailles, redoubla ses terrifiants assauts, emportant sur son passage tuiles arrachées, branches brisées, nids éventrés.

La tempête fit rage toute la nuit. Le châtelain, craignant pour la vie de l'absente, veillait devant la cheminée, implorant le pardon de Dieu et sa pitié. L'aube le surprit, assoupi dans un fauteuil, rêvant que la souriante damoiselle apparaissait en grand équipage, devant le pont-levis.

« Je donnerai n'importe quoi pour qu'elle me revienne saine et sauve ! » murmurait-il dans sa barbe. Il voulut se perdre dans le recueillement et la prière, ains se ressaisit et se ravisa. Il convoqua derechef ses soldats et leur intima de se rendre au bourg, en quête de leur souveraine.

Quelques jours plus tard, ils réintégrèrent la citadelle, haletants, hagards, harassés. Leurs armures n'étaient plus que hardes et haillons. Ils n'avaient pas recueilli le moindre indice sur le passage de la princesse. Le seigneur les écoutait, accablé, jetant de temps à autre un rapide coup d'œil angoissé sur l'horizon embrasé par les premières lueurs du soleil.

Soudain son corps valétudinaire et voûté se figea : il venait d'entrevoir son enfant, chevauchant aux côtés d'un inconnu. Soulagé, satisfait, songeur, il courut à leur rencontre aussi vite que ses lancinantes douleurs dorsales le lui permettaient encore. Il constata avec effroi que la cavalière était inanimée et la fit conduire aussitôt dans sa chambre.

Après quelques semaines de repos, la convalescente reprit connaissance. Nonobstant l'amélioration de son état, elle ne se souvenait de rien. Patiemment, son père lui racontait les événements marquants de son existence et, peu à peu, elle recouvra la mémoire et put adonques reconstituer le fil de son histoire.

Cependant elle n'évoqua jamais le fameux collier d'or et, avec une sorte de tacite connivence, l'ascendant compatissant garda le secret. Même si l'envie de découvrir la vérité lui brûlait les lèvres.

Au printemps suivant, il demanda au preux sauveur de retourner à l'endroit où il avait retrouvé la blessée, prétextant la perte d'un bagage. Le chevalier revint bredouille, un foulard rouge à la main toutefois.

« Messire, je n'ai trouvé par les ruelles du village que ce linge couleur de garance ! » Sa Majesté interrogea donc sa progéniture sur les raisons de son départ à l'automne précédent. Mais la malheureuse avoua ne plus se rappeler les motivations ni les conditions de son expédition. Son géniteur lui expliqua alors qu'elle était partie pour les Baux, cacher son fichu incarnat, et qu'elle avait promis de convoler avec icelui qui le rapporterait.

Le vieil homme avait noté que la belle était loin de rester indifférente à la prestance de son bienfaiteur et que leurs sentiments semblaient réciproques.

C'est la raison pour laquelle il se permit ce pieux mensonge, propice au mariage. Il fut naturellement comblé par cette union heureuse dont naquirent de nombreux bambins.

L'ORIGINE LÉGENDAIRE DE LA VILLE D'ISTRES

Village perché, typique de l'habitat groupé en milieu rural méditerranéen, l'Istres ancien est construit sur une butte, barrée d'un banc de calcaire parsemé d'huîtres fossilisées.

Certains imaginent d'ailleurs que cette prolifération de coquilles a donné son nom à la localité.

Hypothèse rapidement réfutée par quelques rares habitants, férus de linguistique. D'autres penchent plutôt pour un passé lié au récit de Pline l'Ancien et voient dans leur bourgade l'antique Astromela.

Les perplexes plaident pacifiquement pour une étymologie en filiation avec une occupation, par une légion romaine, en provenance d'Istrana, en Italie.

Les savants autorisés affinent dans leurs officines la racine préindo-européenne qui désigne une hauteur, une montagne. Pourtant une Istria née près d'un lac en Roumanie ou un Istra posé quelque part à proximité d'une rivière relance le débat. S'agirait-il d'une allusion à l'alluvion ?

Mais pourquoi tant de questions ? La vérité est tout autre et toute simple. Et elle appartient évidemment à la légende.

Istres signifie tout benoîtement trois Is, l'histoire peu banale des paroisses successives qui ont marqué l'implantation pérégrine des lieux de culte.

Au début des temps, les habitants s'implantèrent sur la colline Saint-Étienne pour y fonder leur sanctuaire paléochrétien. La vie peu à peu s'y développait dans la sérénité et la prospérité.

Mais après quelques années, la situation s'envenima soudainement. En effet, si tout était pour le mieux dans le meilleur des temples, un point crucial péchait. Le nombre des naissances enregistrées était florissant mais fichtre ! pas un seul bébé de sexe masculin ne s'était profilé dans les berceaux.

La déception était indicible ! Les parents, embarrassés, optèrent pour un déménagement qui aurait les allures d'un grand chambardement. Ils se pressèrent près de l'étang de l'Olivier pour y établir leur église, Is dos, dédiée à saint Sulpice.

Le dépit fit place à l'euphorie. Bientôt, de beaux bambins, de mâle constitution, sans contestation, animèrent les squares du quartier. Mais les réjouissances ne se prolongèrent guère plus de plusieurs anniversaires. Le phénomène s'inversant, la sage-femme ne mit plus au monde que des poupons. Et point de poupette. Impossible de continuer à séjourner en cet endroit féminophobe, hostile à l'équilibre des générations.

Alors les paroissiens procédèrent prudemment, privilégiant une place au panorama pittoresque, pour le plaisir et pour la paix ! Ils sélectionnèrent Notre-Dame-de-Beauvoir, afin d'y asseoir leur communauté.

Ce troisième choix fut judicieux. « Sans doute parce que plus près des anges ! » murmurèrent quelques consciences. Il vit naître autant de filles que de garçons.

La population demeura dans cet espace merveilleux qui constitua désormais le centre de la cité dont les Istriens, les Provençaux et les visiteurs goûtent maishui, avec bienveillance, la nonchalance teintée d'exubérance.

LES SECRETS DU MISTRAL

Il existe bien des légendes qui courent sur l'origine du mistral, ce vent grincheux, trinqueux et impérieux. L'étymologie de ce nom renverrait à la notion folle et floue de maîtrise. Mais une question se pose alors : s'agit-il du maître des nuées ou des contrées ? Probablement des deux…

Certains l'imaginent en provenance du firmament sous l'apparence tutélaire d'un aigle. D'autres, plus crédibles, prétendent qu'il prend naissance au sein des marais du Vivarais sous l'arche géante d'un rocher ajouré, d'où surgit son sonore halètement.

Là se gonflent et s'amplifient ses tourbillons, s'enflent et se renforcent ses bourrasques, avant de s'échapper en rafales, dans un festival de mugissements et de rugissements de chacal.

Inquiets devant ses imprévisibles accès de colère, les habitants du village voisin résolurent un jour de le barricader dans sa tanière. Tandis qu'il s'adonnait dans les bras de Morphée à un sommeil récupérateur, ils s'avancèrent à pas feutrés pour clouer, sur chaque pilier du bloc béant, de solides planches, minutieusement sélectionnées pour la dureté et l'épaisseur de leur bois.

Il y a de cela des années, des menuisiers les avaient débitées dans des troncs d'oliviers centenaires, puis taillées, rabotées, poncées et patinées, si bien qu'elles avaient acquis une solidité et une imputrescibilité incontestables.

À son réveil, le vent tenta en vain de souffler sur ces étais, mais ils résistèrent imperturbablement à ses assauts rageurs et ravageurs. Le mistral ne put donc s'évader de son repaire lapidaire et pénitentiaire.

Du coup, il se fit menaçant et vociféra :

« Quand je parviendrai à me libérer, je déracinerai vos amandiers et vos cyprès, j'arracherai de vos toits tuiles et girouettes, je gommerai les clôtures de vos jardins et briserai les statues de vos portails…

– Raison de plus pour te laisser là où tu es ! » s'exclamèrent les cultivateurs rassurés par la stabilité du boisage de leur mur.

Décontenancé, le mistral proféra ensuite une série d'imprécations plus terribles les unes que les autres, aussi catastrophiques que les plaies d'Égypte :

« Je vous maudis ! Que les marécages qui enserrent vos terres soient infestés d'une théorie de moustiques et sales autres bestioles ! Que les miasmes de ces eaux en putréfaction infectent vos maisons et vos poumons ! Que les fièvres qui vous dévoreront fassent périr vos moutards et vos vieillards ! Ainsi regretterez-vous vos agissements irréfléchis… »

L'été venu, une chaleur implacable, chargée d'humidité, ne manqua pas de régner régulièrement sur la région. Bientôt se manifestèrent les signes avant-coureurs d'une épidémie. Des odeurs pestilentielles envahirent les ruelles du bourg, des cadavres d'animaux en décomposition descendirent les ruisseaux, des insectes bourdonnants et agressifs piquèrent la peau veloutée des bébés et l'épiderme corné et ridé des anciens. Les constitutions les plus fragiles sentirent des douleurs, migraines et autres indispositions s'emparer de leur crâne, leur sang s'épaissir au long de leurs veines, leur estomac devenir rétif à toute digestion…

Tous les malheurs du monde semblaient s'être concentrés sur les maisons des villageois dévariés*. Ils décidèrent alors de se réunir afin de délibérer sur le sort à réserver au vent violent, encore séquestré.

« Vous voyez bien que les prédictions du mistral se réalisent ! déclara la veuve du mas des Micocouliers.

– Son passage délivrait la campagne des effluves des marais tout proches, dissipait les nuages et brumes qui nous ceinturent de bouffées étouffantes, il asséchait les terrains détrempés où nos cultures se meurent… Il aidait aussi nos fruits à mûrir, à se couvrir de belles couleurs appétissantes !

– Il faut le relâcher immédiatement ! s'écria le doyen de l'assemblée. Sinon la peste s'abattra sur nos troupeaux et décimera toutes nos bêtes.

– Il vaut mieux qu'il nous transperce de froid et emporte quelques branches sur son passage plutôt que de prolonger cette mauvaise plaisanterie ! continua sa femme.

– Je suis d'avis qu'il faut agir vite sinon…

– Mais il va de nouveau tout renverser et nous ne serons pas gagnants dans le marché !

– De toutes les façons, nous n'avons guère le choix qu'entre malheurs et fléaux… » ajouta le maire qui ne savait plus à quel saint se vouer.

Le mistral, qui avait pu surprendre une partie des débats, prit la parole et promit doucereusement :

« Si vous consentez à me laisser sortir, je vous assure que je ne déracinerai pas vos amandiers ni vos cyprès, je n'arracherai plus les tuiles et girouettes de vos toits, je ne gommerai jamais les clôtures de vos jardins et ne briserai aucunement les statues de vos portails… »

Bergers, vanniers et fermiers, d'abord perplexes, finirent par le croire. Ils descellèrent un par un les bardeaux bloquant la brèche de la falaise et débarrassèrent le vent de ces entraves.

Aussitôt le mistral s'engouffra dans l'ouverture et se rua au-dehors. Les paysans, muets et craintifs, attendaient sans bouger, regrettant manifestement de ne pas avoir exigé davantage de garanties.

C'est alors qu'un enfant, s'approchant du géant dans un élan, protesta :

« Et ta promesse ? »

Le vent farouche et déchaîné s'apaisa instantanément. Subitement affriolant, il câlina les pousses des amandiers et des cyprès, il chatouilla les tuiles et girouettes des toits, il frôla, enjôleur, les clôtures des jardins et caressa les statues des portails…

Bientôt les afflictions qu'endurèrent les braves campagnards furent reléguées au rang des mauvais souvenirs et chacun se félicita de l'issue propice et heureuse de cet épisode éprouvant et épouvantable de l'histoire du maître des vents, qui s'en alla par la vallée du Rhône grondant, grommelant, grognant, vers les plaines du Midi.

LA MALÉDICTION DES ALCHIMISTES

Le 27 mars 1909, par une coquette journée primesautière et printanière, Marius Jouve, félibre* et peintre à ses heures, riche propriétaire du Barroux, rentrait paisiblement de Caromb à pied. Chemin faisant, alors qu'il flânait le nez au ventoulet*, il décida de s'approcher d'une demeure abandonnée, ensevelie sous le lierre, rabougrie à quelques pas de la route…

Le malheureux n'en revint jamais, touché qu'il fut par une balle dans le dos, tirée par un individu dissimulé derrière des buissons de cades.

Une instruction superficielle et rapidement menée par la maréchaussée conclut à un crime de rôdeur, la victime passant pour un notable fortuné. En deux heures, on diligenta l'enquête et on procéda à l'arrestation du coupable, un jeune homme en mesure de régler ses dettes un peu trop promptement.

Les villageois restèrent perplexes. Si les uns prêtaient foi à cette version des faits, les autres attribuèrent ce meurtre horrible à la malédiction des alchimistes. Il est vrai que les anciens se souvenaient…

Il était une fois trois frères appelés François, Antoine et Taddée dont l'oncle, Mafféo Barberini, accéda au pontificat en 1623. Le brave prélat latin, qui favorisait amplement sa famille, ne tarda pas à promouvoir ses neveux Antoine et François au cardinalat, et à couronner le dernier prince de Palestine et préfet de Rome. Mais le bonhomme eut tantôt à déplorer une conduite écervelée de ses nouveaux cardinaux, qui se livraient de bonne grâce à des pratiques ésotériques et alchimiques répréhensibles, sévèrement condamnées par l'Église.

En 1635, voulant éviter le scandale et protéger les occultistes, Sa Sainteté les expédia en villégiature très loin de son siège, dans le comtat Venaissin. C'est ainsi que les scélérats se retrouvèrent à Caromb. Mais ne s'amendèrent pas pour autant de leur coupable penchant. Incorrigibles, ils se livrèrent à la fabrication et à la commercialisation de l'élixir de longue vie.

Ce trafic litigieux, d'une belle rentabilité, causa leur perte. L'un, se sentant floué, privé de ses bénéfices, eut le tort d'aller s'en plaindre à l'autre. Il reçut pour toute explication une fiole de fol vitriol en pleine face. Totalement défiguré, grièvement brûlé, complètement aveuglé, il agonisa des heures durant près du manoir, dans des souffrances abominables.

Le criminel, prétextant un banal accident de manipulation lors d'une expérience chimique, ne fut pas le moins du monde soupçonné. Seulement, s'il parvint à échapper à la justice des humains, il n'en fut pas de même quant à celle de Dieu.

Le fantôme du défunt, chaque nuit, vint tourmenter le sommeil de l'assassin qui perdit bientôt la raison. L'occiseur erra alors jusqu'à sa mort, coquin de sort ! dans la lugubre bastide où personne n'osa s'aventurer jusqu'à cet après-midi vernal de 1909.

On prétendit que le projectile de plomb qui avait terrassé le poète provenait de la réserve de métal lourd que les frères

Barberini avaient tenté en vain de métamorphoser en or. On surnomma l'ancienne résidence papale d'Urbain VIII le Préfantasti. On raconta que, les soirs sans lune, les hurlements atroces du torturé déchiraient le silence alentour et que des lueurs livides et spectrales tournoyaient au-dessus des ruines.

Il n'y a pas si longtemps, on menaçait encore les enfants qui refusaient d'avaler leur soupe de les enfermer dans cette maison hantée.

LES PIERRES ROUGES
DE L'ABBAYE DE SAINT-PONS

Non loin de Gémenos, sur la route d'Aubagne, fut implantée, au XIIIe siècle, l'abbaye féminine cistercienne de Saint-Pons. Le promeneur qui souhaite visiter ce témoin complet et accompli de monastère réservé aux femmes de Provence traversera un cadre enchanteur, boisé de hêtres et d'épicéas.

Ravi par la tranquille sérénité des lieux, il sera loin de soupçonner la terrible tragédie qui s'y déroula autrefois alors qu'il flânera et admirera la charmante chapelle romane voisine, dédiée à saint Martin.

Un soir, il y a de cela bien longtemps, un groupe de cavaliers surpris par un orage diluvien, qui voyait des éclairs de braise illuminer le ciel, serait venu frapper à la porte du couvent afin d'y trouver refuge pour la nuit. Respectant la sacro-sainte et traditionnelle règle de charité et d'hospitalité, les nonnes s'offrirent d'héberger les étrangers en difficulté. Mais il paraît que l'accueil altruiste prodigué à ces hommes se teinta d'un dévouement décidément démonstratif à outrance et que la reconnaissance débordante d'iceux se manifesta par des marques très appuyées de tendresse et d'effusion que d'aucuns soupçonnèrent de confiner à la confusion et à l'orgie.

Seule Blanche de Simiane n'aurait pas participé à ces scènes de turpitude et de luxure.

Partagée entre passion, penchant et perfidie, Blanche, plutôt que de se plier à la pressante poursuite d'un prétendant, préféra enjamber le petit pont franchissant le Fauge. Elle s'élança ainsi dans la gorge de la rivière pour échapper à l'épineux dilemme et à l'élan qui la portait vers l'élu de son cœur.

Elle disparut rapidement dans les eaux tumultueuses du torrent dont le lit s'engouffre en grondant entre des parois de roches rogues, et rouges désormais. Car le sang de Blanche de Simiane macule à jamais les cailloux du Fauge comme si les pierres se devaient de garder pour l'éternité la trace du sacrifice de la vertueuse moniale. D'ailleurs cinq siècles de flots rapides et limpides n'ont pu effacer ces taches vermeilles, ultime empreinte d'une volition et d'une vocation inextinguibles de pureté.

LA FONDATION DES SAINTES-MARIES-DE-LA-MER

À proximité de l'embouchure du Petit-Rhône, à l'extrémité de la Camargue, s'étale la bourgade des Saintes-Maries-de-la-Mer. Si ce nom est d'usage relativement récent, du moins fait-il référence à une bien belle légende.

C'est au milieu du Ier siècle, d'aucuns affirment en 48 après Jésus-Christ, que se produisit le prodigue prodige.

Marie-Jacobé, sœur de la Sainte Vierge, Marie-Salomé, mère des apôtres Jacques et Jean, leur servante Sara, Lazare, Marthe, Marie-Madeleine et Maximin, chassés de Palestine, furent contraints de s'enfuir précipitamment du pays sur un frêle esquif de fortune.

De la merveilleuse mer Méditerranée, berceau de la civilisation judéo-chrétienne, ils connurent tour à tour la surface d'huile, les tourmentes, les turpitudes, les tempêtes, la bonace !

Chacun sait ici-bas que les éléments parfois se déchaînent. Peut-être à cause de la folie des hommes…

Ils dérivèrent longtemps au gré des courants, sur un caïque sans voile ni rame, traversèrent maints et maints orages, luttèrent contre vents et marées, expérimentèrent moult péripéties et, enfin, abordèrent une plage de sable fin, perdue près de l'étang de Vaccarès, d'où émergeaient parmi les flots un lot d'îlots tumescents, témoins tacites et taciturnes de la présence d'une cité antique engloutie.

Ils s'employèrent à élever en ce lieu un autel en argile pétrie pour célébrer leurs mystères, puis se séparèrent afin de partir convertir la province.

Si leurs compagnons du périlleux périple s'éparpillèrent – Marthe s'orienta vers Tarascon taraudé par la Tarasque, Madeleine pencha plutôt pour le pays aixois et ses baumes* – Salomé et Jacobé, en raison de leur âge avancé, s'établirent dans la région avec Sara, leur cambrouiso*, afin d'évangéliser les populations camarguaises.

Parcourant ces immenses étendues de nature indomptée à la recherche de leur pitance, tantôt mendiant, tantôt œuvrant, leur docile domestique dodelinait de la tête en guise de remerciement chaque fois que les habitants d'un mas* ou d'une manade* lui faisaient don qui d'un œuf, qui d'un fruit ou d'un sou.

C'est, dit-on, en raison de ces déplacements effrénés que Sara dut d'avoir été choisie pour patronne des peuples errants.

Les trois femmes, après une existence vouée à la prédication, à la prière et à la pénitence, s'éteignirent presque en même temps, et furent enterrées sur place.

Certains gitans restèrent pour veiller sur leur sépulture et progressivement, ce rivage devint le point de ralliement des nomades du monde entier.

Le visiteur des Saintes-Maries-de-la-Mer entendra souvent les noms de Sara et de tzigane liés. Ils sont indissociables par leur enracinement dans une histoire vagabonde commune.

C'est en effet en l'honneur de la première que les seconds viennent en pèlerinage en Camargue. Ils la considèrent comme des leurs et la vénèrent.

Au cours de ces émouvantes célébrations, on sort de l'église forteresse les châsses contenant les reliques des saintes et la statue de Sara est descendue la première jusqu'à la mer. La messe réunit Gitans et Arlésiens en costume de fête, et la barque des vénérables femmes est à son tour portée vers l'onde, puis bénie.

Certains affirment que la légende connaît une autre version qu'ils privilégient.

Ainsi, pour les tziganes, Sara vivait en Provence bien avant l'arrivée des amis de Jésus. Un jour, elle eut une vision qui l'avertit de l'arrivée de Marie-Jacobé et de Marie-Salomé, ces proches du Christ qui l'avaient assisté à sa mort.

Sara les aperçut s'avancer sur leur humble embarcation. La mer était agitée, la barcasse menaçait de sombrer. La gitane jeta alors sa robe sur les vagues déchaînées et, s'en servant tel un radeau, vogua vers les saintes et les aida à gagner la terre ferme. Elle fut ainsi une pionnière de l'évangélisation, sauvant miraculeusement les familières du Fils de l'Homme et recevant le sacrement du baptême de leurs mains.

LA GARAMAOUDO

Allauch, balcon de calcaire dominant le golfe de Marseille, est une localité provençale au charme pittoresque, pétrie de palpables traditions ancestrales que ses habitants préservent avec déférence et effervescence.

Située sur un contrefort du mont Garlaban, du nom d'un géant qui se battait jadis avec ses voisins Ruisatel et Bec Cornu, laissant présager une propice et prémonitoire survivance du culte de Gargan et de son héritier légendaire Gargantua, la ville renoue chaque année avec ses fantômes du passé.

Une bien belle occasion pour le monstre local de participer aux multiples réjouissances, grandioses il est vrai, en se faufilant parmi la foule fébrile, fervente et fraternelle.

Ce fruit fantastique et tératologique de l'imaginaire populaire vernaculaire, issu de la nuit des temps, habitait autrefois une grotte profonde et secrète de la Baume* Sourno que nul ne put jamais approcher au risque de voir surgir l'animal farouche et féroce.

Il hantait les collines du Garlaban lorsqu'il fut chassé par quelque mauvais esprit pour sombrer dans les goures, ces anciennes carrières de gypse effondrées et envahies par les eaux.

La fin obscure de ce dragon aux mœurs mystérieuses et sans aucun doute insidieuses, permit aux parents finauds de menacer leurs enfants par trop curieux – « gare à la Garamaoudo ! » – qui s'aventuraient jusque dans ces lieux hasardeux et périlleux, de rencontrer celle que l'étymologie qualifie d'une effigie légitime de bête noire.

On n'entend jamais en ces parages les suppliques lancinantes des mamans découragées :

« Les minots*, venez tout de suite, il est l'heure de rentrer faire vos devoirs ! »

Et l'appel de se voir réitéré toutes les trente secondes, telles des litanies…

Dans les faubourgs d'Allauch, on entend plus communément cette courte allusion radicale, à la racine rabelaisienne :

« Je crois que la Garamaoudo n'est pas loin. Il me semble distinguer le bruit de ses pas… » Et la formule magique de ramener autour de la géniale génitrice la marmaille soumise et soudain pressée de rentrer à la maison !

LES SERPENTS DE SAINT HONORAT

S'il semble difficile de certifier les origines exactes de ce prodigieux pasteur – une tradition le couronne fils du roi de Hongrie Andriocs et de son épouse Helenbore, qui auraient tous deux vu en songe prémonitoire une flamme sortir du ventre de la parturiente, une autre le dit plus modestement issu d'une famille de paysans vosgiens – on peut en tout cas révéler que sa foi fut fort précoce.

Dès son plus jeune âge, l'enfant réclama intempestivement le sacrement du baptême. Les parents qui, prétend-on, ne se seraient pas préoccupés de l'élever dans la piété, furent effarés, tant ils tenaient la religion du Christ pour un tombeau !

Ils tentèrent donc de détourner le désir et la détermination de l'adolescent par tous les moyens possibles et imaginables. Pour ce faire, le père l'invita à goûter aux plaisirs faciles et futiles d'une orgie de loisirs.

Ainsi chassaient-ils, jouaient-ils, sortaient-ils conjointement afin de jouir de chaque moment de l'existence.

Docile, le saint damoisel suivait son géniteur et profitait de l'aubaine, la fréquentation quotidienne des joies terrestres, pour fortifier son âme et se réciter dans le silence et le secret de son cœur : « Cette vie plaît certes, mais elle trompe. » Et notre futur pasteur de réitérer des vœux d'érémitisme et de christianisme exacerbés.

Quelques années vinrent à passer de la sorte, fructueuses pour la maturation de ses convictions. Le jour arrive enfin où il peut réaliser son souhait le plus cher : consacrer son temps à Dieu. Il se fait couper les cheveux qu'il porte pourtant beaux, il renonce à la magnificence de ses habits et les échange contre des vêtements rudes qui offrent un contraste saisissant avec le grain laiteux de sa peau.

Il éprouve désormais une douce et grave sérénité que les lignes de son visage reflètent délicatement. Finalement la vigueur de ses membres abandonne sa chair et passe dans son esprit.

Le jeûne dessine sur ses traits tomenteux un creux ombreux. Il émane de lui tant de spiritualité, de générosité et de charité que le pays tout entier, totalement émerveillé, le poursuit de son amour et de ses louanges.

Honorat, qui voit cependant en chaque personne qu'il rencontre en chemin une des faces de Jésus, aspire à s'isoler dans le désert. Il réside en Provence et ne veut toutefois point s'éloigner de Léonce, évêque de Fréjus, avec lequel il a lié amitié. Il est en quête d'un lieu.

Au large de la rade de Toulon, quand on fait route vers l'Italie ou l'Orient, percent quelques îles rocheuses arides, coiffées de-ci de-là d'un frêle bouquet de pins rabougris. Honorat les aperçoit mais s'en écarte dans la plus majestueuse et injuste indifférence. Il ignore alors qu'une de ces terres insulaires de Lérins comptait autrefois en ses flancs escarpés une ville, déjà en ruines du temps de Pline, qui fut un fécond et faramineux foyer de l'humanité.

Sur un conseil avisé, le religieux débarqua un jour en ce lieu considéré comme maudit par les habitants des alentours. La plage y était abandonnée par le diable, ains colonisée par des serpents terrifiants, lesquels pullulaient nonchalamment, perfidement, effrontément.

Honorat se prosterna sur le sable et invoqua le Seigneur. Puis intrépide, accomplissant la prophétie, il marcha vers les reptiles et les scorpions et leur enjoignit de se retirer ! Son courage exemplaire encouragea ses compagnons qui l'imitèrent immédiatement.

Peu à peu, les sales bestioles qui rampant, qui marchant vers la mer, saisies subitement d'ultimes convulsions, expirèrent dans une mutité sépulcrale. Leurs restes éparpillés sur le sol étaient si nombreux qu'ils dégagèrent bientôt une odeur pestilentielle, insupportable, manquant d'étouffer notre pauvre apôtre.

Pour échapper à la puanteur, celui-ci escalada allègrement le tronc d'un palmier et se remit à prier avec ardeur. Entre deux quintes de toux, l'auréole de travers, le front perlé de sueur, il supplia le Seigneur de débarrasser la grève de ces dégoûtantes dépouilles dépenaillées.

Aussitôt, dans une bourrasque indescriptible de fin du monde, un raz-de-marée inonda l'îlot, emportant et précipitant, au creux d'une lame de fond, les restes des ophidiens opportunément occis… et de leurs répugnants voisins, vulgaires, venimeux et vengeurs, les androctones.

Honorat resta, pour l'iconographie chrétienne, éternellement juché sur son palmier, ainsi qu'en témoignent les blasons du monastère, les châsses ou les statues dédiées à l'honorable saint ophicide et arachnicide.

LE TOMBEAU DE NOSTRADAMUS

À la lisière de la Crau, la ville de Salon-de-Provence, dont les vieux quartiers se blottissent au pied de l'imposant château de l'Empéri, présente ce charme pittoresque des cités séculaires du Midi, aux places et cours ombragés de platanes, où le rythme des jours s'écoule à un train de sénateur.

Ce carrefour de la Basse-Provence peut s'enorgueillir de sa vocation hospitalière qui l'a amené à accueillir d'illustres visiteurs. Nostradamus, érudit d'exception, médecin, devin, observateur familier des étoiles, fut l'un d'entre eux.

Inventeur coutumier de philtres d'amour et de fards, onguents, parfums et élixirs au double pouvoir, psychologique et esthétique, de poudres magiques et prophylactiques qu'il concoctait dans le plus grand secret, mêlant moult ingrédients mystérieux – sciure de bois de cyprès, ambre gris, iris de Florence, aloès, musc et girofle concassés, et suc d'incarnates roses ramassées à la rosée – Nostradamus donc, compta parmi ces hôtes mémorables.

Après d'invraisemblables pérégrinations, le thaumaturge s'installa à Salon où il ouvrit une consultation à la clientèle insolite mais fidèle, en mal de potions diverses et autres pharmacopées inhabituelles.

Les hommes se pressaient à la porte de son cabinet, en quête de dragées d'Hercule à l'efficacité redoutable et remarquable, appréciable lors d'une maléfique déroute.

Les femmes s'y bousculaient pareillement afin de recueillir des recettes de confitures odorantes – celle de cerise bénéficiait paraît-il d'un franc succès – pour le plaisir des papilles, ou de se procurer une fiole de ce nectar à base de pommes de mandragore et de feuilles de verveine, de racines broyées et de vin crétique du meilleur effet au fond du lit matrimonial, ou encore des mixtures moulues, mélangées, malaxées, manipulées d'alambics en cornues, garantissant d'hermétiques et authentiques soins cosmétiques.

Nostradamus se penchait avec le plus vif intérêt sur les rudiments de la chimie appliquée qu'il espérait voir progresser par une sorte d'alchimie. Il alla même jusqu'à faire paraître un *Traité des Fardements*, recueil divulguant un art combinatoire de sucreries, de cristaux et de sève tranchés, tamisés et transvasés.

Ses multiples activités lui valurent d'être au centre de bien étranges péripéties. Seule sa vie conjugale semblait passer sous silence, comblé qu'il était d'avoir épousé une jeune veuve qui lui offrit de nombreux enfants.

Mais cela n'ébranlait en rien ses convictions et il ne manquait jamais de s'adonner à ses passions préférées. Ainsi conçut-il et publia-t-il ses *Almanachs, Centuries* et *Prophéties* qui déchaînèrent piques, critiques et polémiques. Et un engouement sans précédent…

Un jour qu'il s'opposait aux habitants de Salon, le mage s'était exclamé en une ire imprévisible :

« Allez, méchants pieds-poudreux, vous ne me les mettrez pas sur la gorge, ni pendant ma vie, ni après ma mort ! »

Et pour que cette prédiction se réalisât, Nostradamus aurait commandé qu'on l'enterre debout, dans l'épaisseur de la muraille de l'église des Cordeliers. Légende ou réalité, nul ne le sait !

Ce qui est sûr en tout cas, c'est que les Salonais du XVIIIe siècle affirmaient que l'astrologue s'était bel et bien fait emmurer vivant, avec une plume, de l'encre, du papier, des livres et une chandelle, afin d'achever, sans interruption, la rédaction de ses divinations.

L'inlassable tâche fut toutefois suspendue. Il était écrit que le devin devait quitter son singulier sarcophage, comme la cabre* d'or sa tanière, pour présenter à la foule des générations le *Livre à venir* des millénaires futurs.

C'est en 1791 que le tombeau de Nostradamus fut profané. Des soldats engagés dans la Garde nationale du Vaucluse saccagèrent le cercueil du prédicateur. Mais malheur au profanateur qui l'ouvrit à coups de hache ! Il n'eut que le temps de lire, sur une plaque de cuivre posée sur la poitrine du squelette, et datée du jour de violation de la sépulture, une malédiction pour le terrible sacrilège.

Ce monsieur qui s'appelait Malheureux connut peu après l'affreux châtiment d'une pendaison haut et court, sur la place publique… Peut-être victime d'un nom prémonitoire !

LES CHARBONS ARDENTS DE L'ARCHANGE GABRIEL

La Provence a de tout temps mérité une renommée de terre d'élection du bien-être, de l'art de vivre et de la gastronomie.

Dans ce pays de ripailles, les habitants n'hésitaient pas – même en période de carême – à organiser de superbes festins où se côtoyaient les mets les plus savoureux et les vins les plus fameux.

La légende confirme d'ailleurs ces allégations.

Un jour, le Seigneur en personne se mit en colère, suite à cette attitude peu respectueuse du jeûne purificateur et précurseur des fêtes de Pâques. Il décida donc d'infliger pénitence à ses paroissiens et, pour ce faire, les priva de feu.

Que du cru, plus de cuit… Adieu bouillabaisse, soupe au pistou*, daube*, ratatouille, pissaladière* et autres régals aux parfums du terroir !

Adieu banquets à l'ombre des platanes, libations au fond des cabanons ou accordailles champêtres sous les oliviers !

Tout le pétulant peuple provençal avait perdu sa joie de festoyer. Chacun restait chez soi, rancunier, à ruminer, à radoter, à rouscailler*. Quel dommage !

Dieu, qui avait pensé voir ses ouailles s'amender, constata amer, que les choses ne faisaient qu'empirer.

C'est alors que l'archange Gabriel conçut l'idée de proposer un pacte à ces indigènes au caractère volubile et vaillant, certes, mais parfois vantard et vaniteux. Le chef de la milice ailée rêvait secrètement d'une paix céleste étendue à la région entière. En échange de charbons ardents, il espérait obtenir des Provençaux la promesse de se comporter pieusement. Mais ceux-ci ne parvinrent à se soumettre à cette volonté par trop conformiste.

Las ! ils ne se laissèrent point séduire et préférèrent offrir à ce ministre des désirs divins des cassettes pleines d'or plutôt que de prononcer un serment qu'ils n'auraient su honorer.

Tous méprisèrent ce marché empreint d'austérité à l'exception d'une vielle femme rusée et avisée qui accepta de discuter avec l'auxiliaire du Très-Haut.

Pendant la conversation, elle toucha discrètement et habilement les charbons ardents du bout de sa canne, puis refusant l'accord d'un air dégoûté, prit congé, et s'éloigna à pas lents.

Gabriel remonta au firmament, regagna sa nuée préférée quand, soudainement, un délicieux fumet vint lui titiller les narines. Alors qu'il se penchait pour découvrir l'origine géographique de cette bouffée odorante, enivrante et envahissante, il observa, stupéfait, mille feux rougeoyer au pays des cigales, et tout le pétulant peuple provençal faire bombance et réjouissance. Il saisit aussitôt que la mégère lui avait dérobé le feu du ciel et comprit qu'elle ne le lui rendrait jamais.

Le voyageur peut aujourd'hui encore le vérifier, d'agréable manière, s'il s'attable au côté des autochtones autour d'une formidable brandade* ou d'une gigantesque grillade relevée des cent et un accents d'olivade, d'anchoïade ou de tapenade* du pays et des subtiles senteurs et saveurs des herbes de la garrigue*…

LA SARDINE QUI BOUCHA LE PORT DE MARSEILLE

Si l'on vous raconte, lors d'une balade dominicale sur les quais, qu'une sardine a réussi jadis à boucher le port de Marseille, il est certain que vous éprouverez quelque difficulté à le croire.

Tant il est vrai qu'il faudrait plusieurs bancs de centaines de milliers de ces petits poissons, bien esquichés*, pour parvenir à immobiliser la flottille pélagique provençale.

Et pourtant ce n'est pas une galéjade, une arlequinade, une fanfaronnade !

Il est avéré que la sardine et la cité phocéenne sont intimement liées dans l'imaginaire collectif vernaculaire. En outre, la légende est véritablement ancrée dans l'histoire régionale.

En effet, alors que la Révolution française sévissait et semait la terreur sur tout le territoire, Marseille et quelques autres localités alentour s'étaient un jour, à leur tour, révoltées contre la Convention et le gouvernement de Robespierre.

Et le général Carteaux reçut l'ordre formel de marcher sur les Bouches-du-Rhône et le Var, afin de contraindre les communes rebelles à se soumettre.

L'approvisionnement en vivres fut notamment suspendu et les habitants se virent menacés par la famine.

La Grande-Bretagne, alors en guerre contre la France, lui imposait un blocus naval extrêmement rigoureux et contraignant. Les Marseillais trouvèrent cependant un accueil aimable, une sympathie mémorable, un écho favorable auprès de l'amiral Hood, commandant la flotte britannique.

D'ailleurs, un pêcheur vous le confirmera :

« Celui-ci accepta de porter assistance aux sections locales et expédia la frégate *Hemésis* qui se présenta à l'entrée du port battant pavillon parlementaire ! Le capitaine Danjard, patron du brig corsaire *La Sardine*, ignorant peuchère… les accords projetés entre les responsables de la ville et l'amiral Hood, fit couler et échouer son bateau pour boucher l'accès à la rade, et barrer ainsi la route à la frégate de la perfide Albion ! »

Des esprits chagrins contesteront à bâtons rompus cette version pour vous confier que c'est le navire du capitaine de Barras qui, à la suite d'une fausse manœuvre, engendra la fameuse légende…

LE COUTEAU MAGIQUE DE JEAN XXII

La tradition fait du pape Jean XXII un aimable fils de cordonnier. On pourrait davantage soupçonner une filiation avec un cordouannier, à savoir un maître du langage ésotérique.

Car ce prestigieux épistolier – on lui sait la rédaction de plus de soixante-dix mille lettres au cours de son pontificat ! – ne donnait pas spécifiquement dans le romantisme.

Fiscaliste avisé, il institua taxes, contributions et prélèvements divers qui renflouèrent ses économies déjà fort substantielles. Vous pensez, une cassette supérieure à sept cent mil florins, ce n'est pas rien…

D'aucuns prétendirent alors que le saint-père s'était enrichi grâce à d'autres activités, annexes et parallèles, voire souterraines. Même son entourage le plus proche attribuait sa fortune au fruit de ses connaissances alchimiques.

Vraisemblablement initié aux multiples activités de l'occultisme par Arnauld de Villeneuve – dont la mort mystérieuse lors d'un naufrage laisse songeur – il commit plusieurs traités particulièrement hermétiques.

Ce qui ne l'empêcha pas de publier une très officielle encyclique dans laquelle il excommuniait tout prêtre tenté de se livrer à la fabrication de médailles en or. On n'a cependant jamais su s'il souhaitait par cette voie endiguer les progrès du Grand Œuvre et lutter contre les chercheurs alchimistes ou trouver là le moyen de frapper fort les faux-monnayeurs.

Jean XXII ne se fit pas que des amis en ces dramatiques circonstances. Ses adversaires réagirent violemment et insidieusement à ses attaques et de sourds et sombres projets défensifs mais néanmoins belliqueux naquirent derrière les portières. Les hérétiques fomentèrent des complots dans les antichambres, tentèrent des manœuvres d'empoisonnement sous le manteau et organisèrent des séances d'envoûtement autour des tables au sein même du palais papal.

Il régnait alors en Avignon un climat délétère qui vit Hugues Géraud confondu pour trafic d'objets de piété, accusé d'avoir attenté à ses jours, et être définitivement condamné : d'abord écorché, puis brûlé. Quelque temps plus tard, Jean XXII se décida enfin à promulguer une bulle tempêtant contre ces adeptes de sorcellerie.

Le pontife, pour dénouer tous les pièges qui se resserraient constamment autour de lui, usait et abusait d'amulettes, de fétiches, de talismans. Bien lui en prit car il parvint d'office à déjouer les maléfices, sans grand sacrifice.

Et parmi ces mascottes se trouvait un curieux couteau constitué d'une corne de… serpent magique. Chut ! Le pape ayant restitué le précieux grigri à ses propriétaires, en 1331, il sert sans doute maishui encore, dans le plus grand secret…

MIRACLE DE NOËL EN CRAU

L'histoire se passe une nuit de Noël, dans un jas* isolé, sis non loin de la route reliant Arles à Salon-de-Provence.

Au dehors, le temps est à la tempête, tonitruante, taraudante, tenaillante et on dirait que la neige qui tourbillonne en mille flocons querelleurs, le vent qui harcèle de coups de boutoir vengeurs les vieilles murailles de pierre sèche de la bâtisse se sont donné rendez-vous en cet instant précis où l'on s'apprête à commémorer la naissance de l'Enfant Jésus, dans la petite église du village.

À l'intérieur, un pasteur à la barbe broussailleuse et grisonnante somnole, harassé d'inquiétude, de solitude et de lassitude. Il ne quitte pas des yeux ses brebis dont l'une semble éprouver quelque difficulté à mettre bas. Il profite de la chaleur des bêtes rassemblées autour de la mangeoire pour ranimer ses mains glacées et son cœur transi.

Il est presque minuit et il entend au loin les cloches du campanile appeler les fidèles à la célébration de la messe de la Nativité. Soudain, un bêlement strident le tire de sa somnolence. Il se lève prestement pour aider l'ovine femelle à l'agnelage.

Puis il regagne sa rudimentaire couche de paille séchée, serrant contre son épaule l'agneau nouveau-né. Il repense alors à sa femme et à sa fille disparues prématurément, dans des circonstances déroutantes, douloureuses, dramatiques.

C'était un jour où son épouse et lui avaient quitté précipitamment la bergerie, à la recherche d'un animal égaré. Longtemps, ils s'étaient appliqués à fouiller chaque buisson, à explorer tous les fossés, à sonder le canal voisin.

Ils s'étaient usé les yeux à scruter le paysage alentour, fondant promptement sur les ombres filantes qui semblaient dissimuler une silhouette apeurée. Au passage, par leurs appels multipliés, ils avaient débusqué huppes, gandourles et cent oiseaux du ciel réfugiés au creux des rares touffes de végétation de cette steppe caillouteuse et désertique.

À leur retour, ils avaient trouvé le berceau désespérément vide. La mère éplorée s'était laissée aller à l'asthénie. Elle mourut peu après, emportée par la maladie et le chagrin.

Tout à coup, quelqu'un frappe à la porte et arrache le vieillard à sa mélancolie. Qui peut bien être ce visiteur à pareille heure ? Un voyageur perdu qui espère une main charitable, un ami confus de le savoir seul en ce moment privilégié tout entier dévolu à la vie familiale, un parent éloigné venu lui apporter quelque nougat ou autre douceur à croquer…

D'abord hésitant, il entrebâille finalement l'huis dans un grincement qui fait se retourner brutalement le bélier assoupi. Une jeune fille échevelée se tient sur le seuil. Elle paraît si frêle et si désemparée que le brave homme la laisse s'engouffrer dans le modeste bercail pour échapper à une bourrasque rageuse.

L'étrangère avise une petite chaise de bois clair. Elle se dirige aussitôt vers le siège à l'entretoise rustique et s'abandonne à une pathétique supplique.

« Surtout berger, ne me renvoyez pas ! Je suis si fatiguée… Et ce froid glacial m'a transpercée jusqu'aux os !

— Tenez, réchauffez-vous près du bétail ! Je vous prête ma cape. Le drap en est rude mais si épais qu'elle vous sera d'un grand réconfort. »

La demoiselle lui raconte enfin son histoire. Elle se répand en confidences, lui explique son enfance. C'est une gitane et elle sait peu de choses sur ses origines. Toutefois une dame âgée lui a révélé que jadis sa roulotte avait brûlé alors que ses parents s'étaient rendus en ville pour vendre des paniers.

Puis la belle nomade boit avidement le lait tiède que lui donne le pastre* et s'endort rassérénée.

Le bon berger l'observe en méditant, quand son regard est attiré par une bricole qui brille sur le sol. Une babiole probablement, mais il se lève pour la ramasser. C'est un médaillon en or, en forme de cœur, que la bohémienne a sans doute laissé choir lorsqu'elle s'est penchée pour caresser une agnelle. Il examine le bijou, s'aperçoit que l'on peut l'ouvrir pour y glisser une photographie.

Machinalement, l'homme approche l'objet de la lanterne et discerne les initiales gravées dans le métal précieux.

Sur-le-champ, il comprend qu'il s'agit de sa propre progéniture et la découverte lui extorque un cri de joie mâtinée de souffrance.

L'exclamation déchire le silence et la sérénité des lieux et réveille sa tendre descendance :

« Ma fille, tu es ma fille ! Quel bonheur ! Jamais je n'aurais pu escompter un tel bonheur… »

En ce soir béni de la Noël, un miracle s'était accompli dans une humble bergerie de la Crau.

LE DIABLE À LA QUEUE COUPÉE

Coaraze est un petit village des Alpes-Maritimes, situé à une vingtaine de kilomètres au nord de Nice. Sa dénomination plutôt étrange ne trahit pas une origine résolument ligure grâce à une terminaison d'une sonorité toute méridionale, telle Venasque ou Gréasque, laissant présager la présence d'une rivière.

Elle ne révèle point non plus une richesse du sous-sol, ainsi qu'il en va pour les Baux, baptisés de la sorte depuis l'exploitation intensive de leurs mines de minerai d'alumine.

Coaraze tire curieusement son nom d'une ancestrale légende. Fort ancienne ma foi, puisqu'il est attesté qu'un document rédigé en latin, daté du début du XIIe siècle, mentionne déjà cette appellation singulière.

En effet, ses habitants auraient eu maille à partir avec… le diable ! Qui se plaisait à leur chercher de constantes querelles. Voulaient-ils bâtir une maison qu'il en démolissait chaque nuit les murs ! Souhaitaient-ils planter une treille qu'aussitôt il l'arrachait d'un coup de fourche ! Choisissaient-ils de déposer une statue de saint dans une niche au-dessus de leur porte qu'il la brisait incontinent, d'un soupir putride !

Une lutte implacable les opposa durant de longues années mais le Malin était là face à des adversaires redoutables de rouerie…

Un jour, davantage dégoûtés, déstabilisés et déterminés qu'à l'accoutumée, les hommes décidèrent de se débarrasser définitivement du pénible perturbateur aux pattes de bouc.

Ils envisagèrent donc de le précipiter dans le Paillon qui coulait, tout proche, au pied de leur charmante bourgade. Mais nouvel échec !

Ils entreprirent alors une ultime tentative…

Pourquoi ne pas attraper ce satané empêcheur de tourner en rond avec de la glu qui entraverait ses sabots hircins ? La capture alimenta le souvenir cuisant d'une mémorable aventure qui se solda par moult blessures et morsures. Et une évasion… une disparition qui engendra une déconvenue bien légitime.

Las ! les courageux et astucieux Coaraziens n'avaient pas prévu que, tel le lézard, le démon s'enfuirait en sacrifiant son appendice caudal et continuerait à hanter les environs… la queue rase !

SAINT ANTOINE DE PADOUE
À CUGES-LES-PINS

Situé à égale distance entre Marseille et Toulon, appuyé au mythique massif de la Sainte-Baume, le village de Cuges-les-Pins a de tout temps constitué un point de passage obligé pour les voyageurs désireux de se rendre en Italie. C'est ainsi que saint Antoine de Padoue, religieux d'origine portugaise, né à la fin du XIIe siècle, fit étape, en compagnie d'un fidèle frère franciscain, dans ce paisible bourg, par une rude et revêche journée de l'hiver 1227.

On raconte en effet que les deux hommes, conformément à l'exigence de leur ordre, épuisés après une longue route, pieds nus dans le froid, se trouvèrent totalement dépourvus quand la nuech* étira son ample voile obscur, sur les logis engourdis, flapis, tapis.

Les viateurs passèrent devant l'auberge, où se pressaient encore quelques joyeux fêtards, songeant que ce lieu animé n'était décidément pas destiné à héberger leur vœu d'austérité.

Ils en étaient à se demander où ils trouveraient refuge et réconfort, afin de passer une nuit réparatrice, quand une pieuse et pauvre paysanne leur offrit gîte et couvert, certes rudimentaires, mais salutaires et débonnaires.

La cheminée et le potager de la cuisine leur fournirent chaleur et vigueur. Et le repas, bien que frugal, fut finalement fort fraternel.

La maîtresse de maison multipliait les marques de déférence, ne ménageant pas les occasions de satisfaire, voire de prévenir, le moindre de leurs désirs.

Les disciples de saint François furent touchés de cette hospitalité, de cette générosité, teintée d'humilité.

Malheureusement, l'un des moines eut, au cours du repas, un geste maladroit, brisant le pied de la coupe en cristal que lui tendait l'hôtesse.

Mais Antoine, reconnaissant de cet accueil, appréciable au cours d'un long périple, se mit à prier et à implorer la bénédiction de Dieu pour toute la population. Alors l'objet précieux se reconstitua aussitôt !

Un peu plus tard, lorsque le religieux découvrit la fermière effondrée, au fond de sa cave, en proie au plus profond désarroi, versant un torrent de pleurs, il prit pitié de l'infortunée qui lui confia entre deux sanglots ne pas se pardonner son étourderie.

Elle avait effectivement oublié de refermer le robinet de son tonneau de vin qu'elle conservait consciencieusement. Sitôt qu'elle avait réalisé son oubli, elle s'était précipitée dans le cellier :

« Quelle bourrique je fais ! Ma barrique est vide désormais… » avait-elle constaté attristée, les pieds baignant dans une mare vineuse, que les rigoles qui coulaient sur le sol pavé alimentaient à tour de rôle.

Antoine supplia avec ferveur le Seigneur et, par bonheur, le divin breuvage réintégra miraculeusement le fût, arrachant des larmes de joie à la dame d'abord incrédule, puis confondue en maints remerciements.

Le lendemain, tous les voisins dûment alertés par le prodige accoururent et voulurent retenir le sant*. Ce dernier, avant de partir, leur assura : « Je vous reviendrai. »

Et il disait vrai ! Presque deux décennies après ces événements, en 1348, une terrible épidémie de peste sévit à Cuges-les-Pins, qui terrassa le cardinal Guy de Montfort, légat du pape se rendant d'Avignon à Rome pour présider le jubilé de l'Année Sainte. Les habitants, terrés dans leur foyer, s'adressèrent avec foi et fougue au Très-Haut afin d'obtenir la guérison du malade.

Le prélat, pour sa part, énonça un souhait qui lui était cher : conduire la cérémonie de translation des reliques d'Antoine, auréolé de gloire, à Padoue.

En guise de reconnaissance pour les soins qu'ils lui avaient prodigués sans compter, lors de l'épreuve endurée, Guy de Montfort, à son retour en Provence, gratifia solennellement les chrétiens de la commune du vénérable crâne qu'on lui avait remis.

Les augustes ossements, portés en procession, protégèrent placidement la paroisse. Notamment dans les moments délicats où les lieux, cernés de pinèdes et autres forêts, se voyaient menacés par un incendie. Le sinistre avait alors tôt fait d'être circonscrit.

La cité n'a jamais oublié ces miracles et les Cugeois ne manquent pas d'honorer leur patron, chaque année à la mi-juin, par un pèlerinage tout de cierges et de bannières enluminé, de chants et de danses ensoleillé, et de louer la miséricorde céleste.

L'ESPRIT DES CHAMPS DU PAYS DE LA CIOTAT

On racontait jadis au coin du feu, dans le pays de La Ciotat, la redoutable mésaventure de trois jeunes gens qui, après avoir amplement festoyé et s'être livrés à quelques généreuses libations, exprimèrent le souhait de regagner leurs pénates.

Ils s'en repartirent comme ils étaient venus, à la sueur de leurs semelles et à la lueur de leurs chandelles.

Ils cheminaient péniblement, fatigués qu'ils étaient d'avoir dansé et ripaillé sans compter, quand ils rencontrèrent un esprit des champs.

C'était un âne. Les trois compagnons, légèrement pris de boisson, n'y prêtèrent d'abord guère attention. Puis ils considérèrent cette coïncidence comme une conjoncture fort favorable et saisirent à la venvole cette opportunité d'une monture providentielle.

Ils décidèrent donc d'enfourcher tous trois l'animal, étonnamment avenant, pour rentrer chez eux sans peine. L'aze se laissa bravement faire, acceptant sans rechigner le triple faix. Il se mit tranquillement à avancer, s'engageant docilement et paisiblement sur le chemin qui menait au mas*.

Il se décida ensuite à trottiner et soudain choisit de trotter, puis partit furieusement au galop, franchissant à une vitesse vertigineuse roucas* et roubines*.

Rien ne semblait devoir l'arrêter et nos compères s'accrochaient nerveusement, frénétiquement, désespérément à leur diabolique monture – comme ils le pouvaient – chacun saisissant qui, une touffe de poils, qui, une oreille ou la queue de la bête infernale.

Le souffle coupé, l'angoisse nouée au ventre, ils ne pensaient même plus à sauter dans un fossé, au risque de se rompre une cheville, tellement ils étaient terrorisés, et ce d'autant plus qu'ils se dirigeaient tout droit vers le baou* du Bec de l'Aigle. Bientôt le vide !

L'étrange équipage s'éloignait, évinçant évidemment toute éventualité d'éviter cette épouvantable épreuve.

Par chance, l'un de nos gaillards eut la pertinence d'esquisser un signe de croix.

L'animal s'arrêta instantanément, au bord du précipice. Il se tourna vers les amis ébahis et leur déclara, déçu : « Vous avez rudement bien fait de vous signer, j'allais vous précipiter du haut de la falaise ! »

La sinistre et grise créature disparut subitement et les viédases*, encore bouleversés, regagnèrent leur foyer sans tarder, ayant de justesse échappé à un sort tragique.

Que les voyageurs qui traversent, à la nuit tombée, ces grands espaces se gardent de s'égarer là ! Qu'ils se souviennent que l'esprit des champs est un vilain farceur qui se plaît à tourmenter les promeneurs !

LA PALME MAGIQUE D'AZALAÏS

Il y a de cela fort longtemps vivait, en bord de Méditerranée, dame Azalaïs de Toulon, qui n'avait jamais démérité. Ayant accompli sept années durant le pèlerinage des îles de Lérins, elle reçut, comme insigne distinction, la palme attribuée aux fidèles méritants.

Elle la conserva précieusement, vérifiant chaque jour sa présence au fond d'un coffre où elle avait pour habitude de déposer, avec le plus grand soin, les objets qui lui étaient chers.

Un jour, en raison de la famine qui régnait dans la région, cette modeste femme eut aussi à souffrir de la faim. Elle décida donc de se rendre à Marseille avec, pour seule richesse, sa robe et sa palme.

Mais au bout d'un mois de souffrance, elle dut se rendre à l'évidence. Il lui était impossible de résister davantage et elle consentit, sous la morsure et la torture de la fringale, à se priver de sa vêture, son unique parure.

Quelque temps plus tard, n'osant se séparer totalement de sa palme, elle en détacha timidement une feuille et s'en alla consulter l'illustre changeur de la cité.

Elle lui réclama donc or ou argent en échange de ce prestigieux emblème de piété qu'elle imaginait, sans doute naïvement, d'immense valeur. L'homme saisit immédiatement la détresse de la malheureuse et projeta de s'amuser à ses dépens. Il convoqua quelques amis et s'enquit auprès de la pauvre chrétienne de ses pécuniaires exigences.

« Quatre bourses d'or me suffiront même si je sais qu'elle vaut bien plus ! demanda Azalaïs.

– Par exemple, bougresse, l'or n'est pas si fréquent que je puisse t'en offrir autant pour un vulgaire rameau de palmier ! Mais attends un peu... Je te donnerai autant de deniers qu'elle pèsera car je tiens à te faire plaisir ! »

Et le rusé de commencer un théâtral rituel. Il se saisit avec une lenteur exaspérante de son trébuchet, déplia précautionneusement, dans un souci d'ironie teintée de mépris, le fragment palmé, discrètement enveloppé dans un morceau d'étoffe de soie brochée, et le posa délicatement sur un des plateaux de la balance, avant de placer douze monnaies sur l'autre. Mais le végétal, pourtant local et banal, semblait d'un poids nettement supérieur à celui des deniers marseillais.

L'opération, triviale, ne pouvait laisser le vénal individu impartial. Surpris, il mit en maugréant encore une douzaine de pièces sur le modeste magot mais, une nouvelle fois, le limbe l'emporta.

Le changeur, sous le regard inquisiteur et inquiet de ses compagnons, remplaça, avec impatience, la somme soupesée par plusieurs sols d'or, qui ne suffirent pas à faire osciller l'appareil de mesure, pourtant d'une grande précision.

L'interlocuteur d'Azalaïs n'y comprenait plus rien. Il réédita à moult reprises la pesée mais la mystérieuse palme refusait de s'en laisser conter et recompter.

Il paraît même que dix livres de métal précieux n'eurent pas raison de la feuille merveilleuse. Curieux, furieux, injurieux, le piteux personnage détaillait fort marri la cliente, debout en face de lui, qui l'observait froidement.

Déstabilisé, démoralisé, désorganisé, l'homme, terrorisé, se tourna vers ses camarades, étrangement frappés de mutisme, puis interrogea Azalaïs qui lui expliqua gentiment l'origine de la palme sacrée.

On raconte que, subitement, il se prosterna devant la visiteuse et lui remit – avant de partir pour Lérins – une opulente pension qui lui permit de régler toutes ses dépenses jusqu'à la fin de son existence.

LE PRIEURÉ DE SAINT-RÉMY-DE-PROVENCE

Un miracle est à l'origine de la fondation du prieuré Saint-Paul-de-Mausole, dans la petite ville des Alpilles, à l'estampille toute d'art de vivre qu'est Saint-Rémy-de-Provence.

Une bâtisse de dévotion avant de devenir un lieu d'aliénation dont le patient le plus éminent fut le peintre Vincent Van Gogh qui y séjourna durant une année en 1889.

C'est là qu'il a puisé, dans la lumière incomparable du pays, la force solaire de son inspiration créatrice. La maison de santé offrait un cadre hospitalier, teinté de la simplicité dont témoigne encore le cloître roman et de la sérénité que diffuse son imposant clocher. Une dimension d'éternité !

On raconte qu'un jour, les habitants de Reims, fuyant les persécutions des Barbares, seraient parvenus épuisés, affamés, horrifiés, jusqu'aux faubourgs de la localité gallo-romaine, blottie au pied du massif. Ils y rencontrèrent un saint homme qu'ils sollicitèrent, afin de diriger leur nouvel évêché.

Paul de Mausole leur répondit, esquissant un sourire ému, qu'il accepterait cet insigne honneur et cette lourde charge le moment venu, lorsque son bâton, planté en terre, se couvrirait de fleurs largement épanouies. Sans doute à l'aune de leur piété et de leur charité.

Aussitôt, de magnifiques corolles multicolores étreignirent, enlacèrent, étouffèrent le pieu de bois fiché dans le sol, sous le regard interloqué des fidèles…

C'est ainsi que naquit ce monastère dont les chapiteaux claustraux à l'effigie des monstres traditionnels de l'iconographie chrétienne, chimère, sirène et centaure, saluent irrévérencieusement les visiteurs.

ÈVE ET LE CITRON

Nul n'ignore que le paradis était un verger luxuriant à la végétation foisonnante, verdoyante, exubérante. Outre le fameux arbre de la connaissance du bien et du mal, il comptait nombre d'essences exotiques, au nom évocateur, dont la seule prononciation vous ensoleillait toutes les méninges.

Lorsque Adam et Ève, subissant l'ire et la foudre de Dieu, quittèrent nus et démunis le pourpris céleste, ils ne manquèrent pas de présence d'esprit. Nul ne sait comment celle par qui le malheur est arrivé – selon une tradition et une interprétation sommaires et erronées – opéra mais, en tout cas, elle déroba, à l'insu des anges, un superbe citron.

Encore une soumission à la tentation ! Et toujours pour un fruit ! Pourtant, cette fois, elle n'avait pas pour dessein de le croquer. Simplement de l'emporter, comme souvenir emblématique du temps idyllique où tout n'était qu'ignorance, abondance et tempérance. Le bonheur d'avant la chute !

Les savants, les théologiens et force exégètes se sont donc longtemps interrogés sur la façon dont la mère de tous les hommes procéda pour cacher l'agrume, sans éveiller le moindre soupçon.

Après moult méditations, tergiversations et contestations, ils conclurent de concert en conclave qu'elle avait dissimulé l'objet de ses convoitises dans son opulente chevelure, blonde évidemment, pour davantage de discrétion.

On sait l'errance que connut le couple maudit, en quête d'un improbable lieu, qui pût lui remémorer l'Eden perdu.

Adam et Ève parcoururent la terre, traversant plaines et déserts, escaladant monts et glaciers, franchissant mers et fleuves à la recherche de l'endroit adéquat.

Las ! le premier homme et la première femme se sentaient désespérés. Ils étaient sur le point de renoncer à trouver cet endroit magique, mirifique, quand ils atteignirent le site de la future Menton.

Alors, ils furent transportés de bonheur et d'émotion. Émerveillés par la beauté du paysage, par la pureté du rivage et la sérénité du voisinage, ils comprirent immédiatement qu'ils avaient là, sous leurs yeux comblés, le panorama qu'ils espéraient depuis si longtemps.

Ève, qui avait précieusement pressé le citron au fond de sa poche, au cours de ce long périple, le sortit religieusement et le planta cérémonieusement :

« Croîs et multiplie-toi, citrus du jardin biblique, dans ce pays digne de toi et béni des dieux ! »

Aussitôt, comme par miracle, des centaines de citronniers sortirent spontanément du sol, tout couverts de gros pendentifs à la couleur suprêmement soufrée.

Les époux décidèrent sur-le-champ de s'installer en cette contrée merveilleuse et entreprirent de lui assurer une valorisation inextinguible. Ils veillèrent aussi à la pérennisation des générations, à l'abri des serpents et du Malin.

Ce petit conte irrévérencieux, mais jamais rancunier, témoigne avec bonhomie de l'humour et de l'humeur franchement méridionaux. Mais on peut néanmoins lui adresser deux sympathiques reproches : il ne précise pas si c'est en guise de sanction de cette impertinente aventure, que le principal et prodigieux ingrédient de la limonade a conservé un brin d'acidité… Il se tait prudemment et pudiquement sur le fait que Caïn aurait ouvert les yeux sur cette baie !

LA NOËL TRAGIQUE DE LA REINE JEANNE

La reine Jeanne reste une des figures les plus admirées et les plus adulées de la Provence où sa légende a fleuri en abondance, bien que douloureusement teintée de l'incarnat du sang versé.

Nombre de châteaux, aux murailles désormais délabrées ou démantelées, dorées par le soleil, comme à Châteaurenard, Ventabren, Salon ou Pertuis, ont appartenu à l'épouse du roi René.

Des palais Renaissance ont été édifiés à son initiative. D'anciens monuments en ruines, des ponts, des aqueducs, des fontaines, tout ce qui touche l'imaginaire par son aspect antique, romantique ou féerique, porte son nom.

Jusqu'à des escaliers ou des chemins pavés. Mais aussi le magnifique pavillon baptisé de son prénom, qui enlumine les Baux-de-Provence et que le poète du Félibrige*, Frédéric Mistral, a pris pour poncif quant au plan de son tombeau…

La souveraine était à la fois pour ses sujets familière et singulière, mythique mais malheureuse. Ils n'oubliaient pas que leur région avait constitué pour elle une terre de refuge providentielle et paradoxalement un contexte d'immense souffrance.

La légende rapporte en effet qu'à Coaraze, village qui domine le Paillon, et qui abrite les vestiges du château de Rocca-Sparviera – la Roche de l'Épervier – se joua un des épisodes les plus dramatiques de la vie de leur reine. Le castel construit sur une crête surplombait jadis les gorges de la Vésubie.

Un jour, Jeanne fit une entrée mouvementée dans le paisible bourg, retiré des agitations de la civilisation. À la tête d'une troupe toute de tactique, fuyant des forcenés fanatiques, elle arrivait d'Avignon en compagnie de ses enfants. Elle décida aussitôt d'occuper la bâtisse abandonnée, qui passait déjà à cette époque pour maudite.

À ses côtés, s'agitait un personnage patibulaire, aux pieds bizarrement fourchus. Ce moine à la mine minable semblait davantage honorer Bacchus, en buveur bourru et bestial, que le Dieu des chrétiens, ainsi qu'on aurait pu légitimement s'y attendre.

Les jours coulaient tranquillement dans l'imposante tour. Bientôt l'automne déroula sa parure d'or, de cuivre et de pourpre.

Puis vint l'hiver, ses frimas et la noble nuit de la Nativité.

La châtelaine, pour se rendre au village afin d'assister à la messe de minuit, quitte la forteresse où ses enfants dorment déjà. Alors qu'elle franchit d'un pas alerte un profond ravin, une voix rauque d'outre-tombe la glace d'effroi, prononçant ces mots d'un poids indéchiffrable :

« La reine, au retour de l'église, trouvera la table mise ! »

La phrase, à consonance ésotérique, lui paraît énigmatique et menaçante. Blottie dans le chœur du sanctuaire, parmi les paroissiens qui la réconfortent, elle s'enfonce dans les rites, les chants et les louanges des anges proclamant la gloire du Nouveau-Né pour trouver, en cette célébration de réconciliation, une certaine consolation.

Sa réapparition dans le donjon n'est que confirmation de ses soupçons. Elle y découvre Don Pancrazio, le religieux, aviné, attisé, attablé face à un funeste festin, et reconnaît les corps de ses minots* reposant sur un lit d'herbes aromatiques, accommodés tels des venaisons.

Une corde coulée autour du cou, un poignard planté en pleine poitrine, ils gisent là, victimes innocentes d'un satanique sacrifice, sourds à jamais aux pleurs et aux plaintes de leur pantelante génitrice, effondrée.

D'abord accablée, affolée, atterrée, elle reste longtemps prostrée près de la cheminée. Puis épouvantée, elle se met soudainement à proférer de prémonitoires imprécations : « Maudit roc, le jour viendra où ne chantera plus en tes flancs un seul coq ! »

Et elle partit sans se retourner…

On comprend pourquoi cette mère infortunée inspira indubitablement à la population provençale des sentiments mêlés de passion et de compassion.

LES ALYSCAMPS

Les Alyscamps sont à Arles ce que sont les catacombes à Rome. C'est-à-dire un pourpris mythique et mystérieux, rattaché au royaume mythologique de la mort.

Si la nécropole chrétienne italienne est souterraine, l'Arlésienne, sise au sud de la cité, constitue un promenoir à ciel ouvert où le passant peut flâner et méditer à volonté.

L'emplacement de ce champ du repos perpétuel fut choisi par Trophime, cousin d'Étienne, premier martyr de la chrétienté, envoyé, dit la tradition, par le pape Zosime pour occuper le siège épiscopal d'Arles.

C'est en gravissant la colline des Moulins à huile, qu'inspiré par Dieu, il se laissa guider… Il fut soudain saisi par la sérénité, teintée de gravité, du site.

Les pins bruissaient tranquillement sous la gracieuse caresse du vent, les micocouliers dispensaient une ombre bienfaisante et les cyprès invitaient discrètement au recueillement. L'ecclésiastique crut que les disparus dormiraient là en paix et que leurs frères en sursis pourraient goûter à la félicité de cette antichambre du ciel.

L'évêque délimita donc les lieux par une centaine de croix en bois d'olivier, cette essence réputée imputrescible, dès lors le tronc coupé.

Une fois sa tâche accomplie, le prélat ambitionna de prendre un peu de détente et se laissa aller à la rêverie, dans ce havre de quiétude et de solitude.

Quand vint l'instant privilégié de bénir le futur ossuaire, le firmament se déchira pour laisser passer, à travers les nuées, la silhouette du Christ qui congratula son serviteur : « Grâce à toi, Trophime, ce territoire est désormais sauf, sacralisé, sanctifié, libéré définitivement de l'emprise des esprits malfaisants et des démons mécréants ! »

La pierre garda, pour trace tangible et tutélaire de ce divin passage, l'empreinte du genou de Jésus.

Pourtant d'autres créatures diaboliques hantaient les environs, notamment l'étang de Malcrozet. Absolument rien ni personne ne survivait dans ses eaux, sur ses rives ; saint Trophime s'en approcha et chassa les forces du mal. Miraculeusement, les poissons abondèrent et rassasièrent les habitants affamés de la contrée tout entière.

La cote des Alyscamps ne se démentit pas. Grâce à des figures tel Genest, jeune officier près le tribunal romain, qui refusa de signer un édit de persécution à l'encontre des croyants.

Condamné à la capitale peine, il tenta de s'échapper, traversant le Rhône à la nage. Mais l'évasion tourna à la tragédie. Il fut rattrapé, décapité, puis enterré en ce cimetéral refuge.

Son acte exemplaire valut au fonctionnaire latin d'être considéré en héros, en personnage de culte. Des fidèles affluèrent de l'Europe entière. Ils aspiraient à un seul but, que leur dépouille soit, immédiatement après leur disparition, ensevelie près des reliques de ce sant* hors du commun.

Le cimetière, qui resta en service du Vᵉ au XIIᵉ siècle, porte le nom énigmatique d'Alyscamps, renvoyant aux fameux Champs-Élysées de l'Antiquité, la voie conduisant au domaine des défunts.

Cette illustre terre sacrée et consacrée qui s'étend au pied de la ville des vivants demeure de nos jours un jardin d'éternité émouvant, empreint de mélancolie, allée bordée de tombeaux abandonnés et… des campaniles muets d'une cyprière orante et odorante !

LA DÉCOUVERTE MIRACULEUSE DES RELIQUES DE SAINTE ANNE

La cathédrale d'Apt, à la coupole octogonale très provençale, possède une aura de mystère et de légende.

Déjà on la dit fondée par saint Auspice, premier évêque de la cité et martyr, à l'hagiographie auréolée d'énigmes. Puis elle aurait été élevée à l'emplacement d'un sanctuaire romain. Enfin, lors de sa consécration, le jour de Pâques 776, l'empereur Charlemagne assista à une cérémonie quelque peu exceptionnelle. Il y fut véritablement témoin d'un miracle et non des moins spectaculaires.

Quelle ne fut pas sa stupeur d'apercevoir tout à coup un jeune garçon, le fils du baron de Caseneuve, se livrer à une gestuelle insolite ! En effet, le pauvre infirme, aveugle, sourd et muet de naissance, se rua aussi rageusement que radicalement sur le sol qu'il se mit à gratter avec frénésie.

L'assistance demeura interdite ; les prélats médusés tentèrent de calmer l'agité dont les forces décuplées décourageaient définitivement toutes les tentatives obstinées d'obtempérer.

Bientôt le pavement, sous les feux de la révélation, vola en éclats. Le malheureux s'acharnait de plus belle à tenter de déterrer quelque secret profondément caché. Les fidèles, touchés à leur tour par une grâce très collective, saisirent alors en quoi et combien l'instant était grand. Ils l'assistèrent adonques dans cette délicate mission.

Le jeune homme illuminé savait ce qu'il cherchait et devinait instinctivement qu'il approchait du but. Il fouilla encore une poignée d'instants et mit au jour les vestiges d'une crypte ignorée, isolée, inexplorée.

Les chercheurs découvrirent fascinés, sous cet oratoire dédié à saint Auspice, un autre caveau qui, bien qu'il fût selon toute vraisemblance scellé depuis des siècles, contenait une lampe toujours allumée, dont la mèche semblait vouloir se consumer indéfiniment.

Cependant elle s'éteignit soudainement, au moment même où Jean de Caseneuve recouvra surnaturellement la vue, l'ouïe et la parole.

Il profita du probant prodige pour proclamer que ladite crypte abritait les reliques de sainte Anne, disposées dans une châsse de cyprès, enveloppées d'un voile de lin. Elles présentaient un état de conservation exceptionnel et il en émanait une odeur suave, qui embauma aussitôt les chapelles de la cathédrale, à la grande liesse des participants et des desservants de cette grand-messe !

LE PUITS FABULEUX
DU CLOS DE L'ESCARAT

Par une superbe journée comme il en existe en Provence, où le ciel pur vire presque au violet, Rimbaud II, comte d'Orange, sillonne sereinement ses terres.

Nous sommes en l'an de grâce 1095. Là-bas, du côté de l'Orient, les chrétiens vivent des temps difficiles, hostiles, stériles. Rimbaud II ne peut rester insensible à ce drame. Il veut se croiser et va bientôt partir pour la Palestine.

Loyal, cordial, le jeune homme est sincèrement aimé de ses sujets… Des femmes en particulier, qui admirent ses yeux empruntés à sa mère, de ce bleu magnifique de lapis-lazuli, et son épaisse chevelure flottant à l'allure de sa monture.

Sa prestance, héritée de son père, lui vaut bien des attentions de ce petit peuple prompt à le saluer et à le combler de cadeaux.

Qui une poule, qui un sac d'orge… ou une galette. Rimbaud II parcourt paisiblement le pays, perché sur Aldran, son élégant et fringant destrier.

Leur balade les mène jusqu'à un humble hameau, ou plus exactement un lieu-dit, le clos de l'Escarat. Ils cheminent vers une chaumine, à la cheminée chenue.

Il aperçoit alors une jeune fille occupée à ravauder le linge. La gracieuse damoiselle, sentant un regard rivé sur elle, lève aussitôt les paupières et reconnaît, dans le cavalier arrêté sur le perron, son seigneur.

Elle s'empresse de reposer dans sa corbeille d'osier son ouvrage, de lisser son corsage d'albe sur lequel joue la lumière, de débarrasser son visage d'une mèche rebelle. La voilà sur ses talons, entamant une profonde révérence, digne d'une cour d'amour.

Elle se hâte de présenter au noble visiteur ses parents, Valère et Jeanne, auxquels elle porte beaucoup d'affection, et ses frères puînés, Clément et Gerfagnon. Puis elle s'enquiert de ce en quoi elle peut se rendre utile à son maître.

Rimbaud II la prie de tirer du puits un seau d'eau fraîche afin d'étancher sa soif et d'abreuver son cheval. La belle s'affaire à satisfaire ce légitime désir…

À la parfin, tout naturellement, le cavalier tient à la remercier et lui fait don de plusieurs pièces qu'il extrait de sa bourse.

Alors qu'il s'apprête à enfourcher son fidèle étalon, Thibaude, abandonnant toute retenue, lui explique que ce puits ne se contente pas de désaltérer ceux qui s'arrêtent au bord de la margelle pour s'y reposer mais, qu'en outre, il exauce leurs prières les plus chères, s'ils prennent soin d'y jeter quelques monnaies.

Aussitôt dit, aussitôt accompli. Sa jolie interlocutrice laisse glisser tout l'argent qu'elle tient entre ses mains au fond du puits à souhaits. Rimbaud II, surpris, n'a pas le temps d'esquisser le moindre geste pour l'en empêcher. Perplexe, il l'interroge :

« Chère damoiselle, pourquoi n'avoir pas conservé une somme qui serait sans doute bien utile à ta famille ?

– Mon Seigneur, nul n'ignore ici votre proche départ pour la croisade. Je viens de faire le vœu de vous voir réussir, avec vos compagnons d'armes, la prise d'Antioche et de Jérusalem, et revenir couvert d'une gloire immarcescible ! »

Rimbaud II, aussi interloqué qu'intrigué, inclina le chef puis reprit résolument sa route…

Après un impérieux et périlleux voyage au visage de pèlerinage, le comte d'Orange regagna triomphalement ses propriétés. Trois étés étaient passés, quand il vint à flâner dans la contrée.

Soudain ses pas le conduisirent irrésistiblement au clos de l'Escarat. Il distingua immédiatement la gracile silhouette de Thibaude, employée à broder, peignant de petits points, de plumes et de plumetis une toile de coton immaculée.

Quand elle sentit Rimbaud la dévisager avec intérêt et insistance, la charmante, ravie, radieuse et rassérénée, lui adressa un sourire épanoui, pareil à celui qui illuminait ses traits lors de la première visite du futur vainqueur, et qui n'avait cessé de le soutenir, au cours des sanglants combats qu'il avait livrés en Terre sainte.

Hardi, il hissa hâtivement la jouvencelle sur les flancs puissants d'Aldran, et ils amorcèrent, en cet instant précis, le virage de leur commune destinée, à laquelle la spontanéité de Thibaude, près de la margelle, fut un heureux présage.

La passion les unit définitivement jusque dans la mort. Ils s'étreignirent longtemps, puis s'éteignirent au même instant, terrassés par la terrible épidémie de fièvre qui décima la région. On dit que cet amour ardent anima leurs âmes, assura leur abondante descendance et anoblit leur affable existence.

On raconte aussi que le propriétaire des lieux, en cette extraordinaire année de sécheresse 1678, curant le puits tari, trouva une telle quantité de sous d'or, un vrai trésor, qu'il put envisager la construction d'une belle bastide !

GYPTIS ET PROTIS

Marseille la fascinante, l'ensorcelante, l'envoûtante, est une très vieille dame de vingt-six siècles, la doyenne des villes de France, bâtie sur une antique colonie grecque.

De basse altitude mais haute en couleur, elle ne peut laisser aucun visiteur indifférent.

Il est vrai qu'elle est dotée d'une mythologie plus que millénaire. Adorée des écrivains, adulée par les cinéastes, adoptée par les créateurs de tout poil, elle respire la gaieté, la volupté, l'originalité.

Mais on ne saurait la réduire impunément à un rôle réducteur et réflecteur de faire-valoir.

Tout n'est pas que rigolades, galéjades et sardinades sur les quais du vieux port ou sur la Canebière !

Même s'il est avéré que bonne humeur et art de vivre n'altèrent en rien sens du devoir et conscience des responsabilités, l'activité des habitants ne se limite pas au rastel*, à la dispute de parties de boules ou de cartes.

Cependant, un grain de folie semble avoir germé de toute éternité sur les bords de la Méditerranée. Poisson et passion seraient donc les deux mamelles de Marseille ?

Il semble en tout cas que la seconde soit à l'origine de la fondation de la cité. Au VIIe siècle avant notre ère, la côte provençale était occupée par une tribu salyenne, les Ségobriges. Leur roi, le grand Nann, avait pour habitude de donner de somptueuses fêtes en l'honneur de sa fille Gyptis.

La demoiselle était très belle, très vertueuse aussi, et manifestait, à l'égard de son père, une formidable admiration, à l'égal de celle témoignée par les habitants de toute la contrée. L'existence déroulait paisiblement son tapis de réjouissances et d'insouciance, sans coup férir.

Seulement, un printemps plus précoce que d'ordinaire, Nann sentant le poids des ans voûter chaque jour davantage ses épaules valétudinaires, décida douloureusement de donner un époux débonnaire à Gyptis.

Au cours de solennelles agapes encore plus éclatantes qu'à l'accoutumée, les prétendants à la main de la noble héritière, diligemment conviés, disputèrent d'âpres compétitions et rivalisèrent de force et d'audace, afin de gagner les diverses épreuves… et le cœur de la jolie spectatrice.

La soirée se prolongea agréablement sous une belle nuit étoilée mais vint l'heure où les chandelles finirent de se consumer et signalèrent la fin imminente des festivités. Il était donc temps pour Gyptis de se prononcer. Elle avait pu, la réception durant, observer à loisir les divers concurrents et porter son choix sur le plus élégant, le plus avenant, le plus entreprenant.

Soudain, voilà qu'un navire se profile à l'horizon. Il file sur la mer d'huile qui, docile, semble le porter. L'attention des invités se détourne vers l'intrus, qui déverse bientôt un flot de passagers en provenance de Phocée, ville d'Ionie qu'iceux ont voulu quitter pour se mettre en quête d'une terre prospère et hospitalière.

Nann sait l'excellente réputation de navigateurs et de négociateurs de ces étrangers venus d'Asie Mineure et prie protocolairement Protis, le chef de ces Phocéens, de se joindre à lui, en compagnie de ses compatriotes.

Le festin se prolonge dans une ambiance des plus cordiales et chacun de plaisanter, de bavarder, d'échanger mille propos plaisants, dans ce climat harmonieux de confidences.

Protis brille par sa culture, son intelligence, sa vaillance. Charmée, Gyptis ne peut détacher son regard de ce visage d'une rare beauté qui lui inspire déjà de fervents sentiments. Le temps n'existe plus… suspendant son vol aux paroles du séduisant capitaine. Le monarque, attendri, remarque l'expression éblouie de sa chère progéniture…

Cependant les voyageurs harassés, courbés de fatigue et de vin, expriment au souverain leur désir de prendre congé et repos. Alors Nann saisit la coupe remplie de l'eau d'une fontaine sacrée et l'offre à celui que sa fille a silencieusement choisi pour mari. Protis boit quelques gouttes du vénérable breuvage puis tend lentement vers Gyptis le calice des délices de l'Hyménée. Le rite est accompli !

Le futur conjoint reçut en cadeau de noces le rivage sur lequel il avait, par bonheur, accosté. Il s'empressa d'y faire creuser un port et fonder une bourgade, qui n'a cessé de se développer sous le signe bénéfique de la passion.

Le choix heureux de Gyptis lia à jamais la vitalité liguro-gauloise à la vivacité phocéenne.

LA GESTE DE MARIE-MADELEINE À LA SAINTE-BAUME

Marie-Madeleine, chassée de Béthanie par ses persécuteurs, embarqua en compagnie de Lazare le ressuscité et de sa sœur Marthe, et Marie-Jacobé, sœur de la Vierge, Marie-Salomé, mère des apôtres Jacques et Jean, leur servante Sara, ainsi que Maximin, sur une barcasse sans voile ni gouvernail, ainsi que le rapporte la tradition hagiographique.

Au gré des courants et des vents, ils traversèrent la Méditerranée qui les fit dériver, contre marées et tempêtes, jusque vers les côtes provençales.

Si Jacobé et Salomé, suivies de Sara, s'en allèrent porter la Bonne Nouvelle aux populations camarguaises, si Marthe préféra remonter le Rhône et se porter au secours des habitants de Tarascon terrorisés par un monstre sanguinaire, Lazare opta pour la passion de la prédication.

Madeleine, quant à elle, privilégia la dévotion, la méditation, la contemplation, après avoir longtemps plongé dans les affres marécageuses de la prostitution.

Poussée par un irrésistible besoin de solitude, elle gravit l'impressionnant massif de la Sainte-Baume, site propice au recueillement, qui accueillit de nombreux cultes antiques de fécondité et fut le théâtre tragique de la passion de maître Jacques, architecte du temple de Jérusalem.

Ces paysages grandioses, aux gouffres insondables, aux rochers déchiquetés, aux baumes* profondes, avaient de tout temps servi de repaire aux marginaux les plus fantasques, aux brigands les plus dangereux, aux déments les plus violents.

À l'époque de Madeleine, la forêt dense, épaisse, impénétrable, en couvrait massivement les pentes escarpées. La sainte traversa, non sans peine, cette végétation relique de l'ère glaciaire et trouva refuge dans une caverne sombre et humide, d'un accès impossible au commun des mortels, et que notre héroïne gagna par la voie des airs, portée gracieusement par des anges.

L'endroit était si détrempé qu'il était inconfortable d'y effectuer un séjour prolongé. L'eau y suintait en permanence, ruisselant le long des parois, nimbant l'atmosphère d'un nuage de brume. Seul un petit tertre restait dispensé de cette aspersion quotidienne. Les pèlerins affirmèrent plus tard que cet Antre pleureur tirait son nom de son analogie avec les larmes que versa en abondance la pécheresse repentie.

Trois décennies durant, la recluse volontaire fit pénitence en cette thébaïde, se nourrissant de racines et de baies, buvant des gouttes de pluie.

Sa chevelure démesurée couvrait son corps là où ses vêtements en loques ne la protégeaient plus, ni de la morsure du froid, ni des écorchures des épines. Elle lui devenait une litière, bien rudimentaire, la nuit tombée.

Ne craignant pas les animaux sauvages parcourant la sylve, ni les bandits en mal de quelque forfait, ni les masques* hantant ces terres livrées aux forces du mal, elle s'abandonnait inlassablement à la privation, à la prière, à la prison.

Mais il convient de mentionner que Madeleine, à sept reprises pendant le jour, recevait la visite de messagers célestes qui la transportaient, ravie, en extase, au sommet de la crête, où elle pouvait s'absorber dans l'écoute d'une musique divine.

Au bout de sept années d'érémitisme, Dieu posa sur elle son regard, l'appela et lui demanda d'exprimer un vœu à sa convenance.

La sainte, regardant l'état déplorable de ses mains, à la peau flétrie, aux ongles cassés, qu'elle n'avait pas nettoyées depuis son arrivée dans les parages de la grotte, supplia le Seigneur de lui accorder la possibilité de se laver.

Au même instant, une source jaillit du sol de l'excavation. Madeleine se précipita pour frotter ses paumes souillées et, constatant qu'elles retrouvaient leur blancheur et leur douceur, elle s'exclama :

« Oh les jolies mains ! »

Une réflexion hâtive qui déplut au Très-Haut. Il regretta que la pécheresse n'ait pas totalement rejeté ses crimes passés. Afin d'être définitivement délivrée du mal qui l'avait autrefois dévorée, le Seigneur l'avertit qu'il lui faudrait encore patienter plus de vingt ans, dans cette bauge infecte, désertée par le soleil et la chaleur.

On raconte que la malheureuse, à cette sentence, éclata en sanglots et c'est ainsi que, de ses larmes, naquirent le Latay et l'Issole, le Caramy, le Cauron et le Péruy, et l'Huveaune !

LES FEUX FOLLETS DE GOULT

Dans un lieu mystérieux proche de Goult, s'élevait, dès le IVe siècle, une chapelle au vocable de Notre-Dame de Limergue, qui empruntait son nom au ruisseau coulant dans le vallon voisin. Le site, propice au culte des divinités des eaux, détenait dès l'Antiquité un autel aux nymphes aménagé dans une grotte et une source.

Il abrita ensuite, sous un rocher, la chapelle Saint-Michel-de-la-Baume dont l'existence n'est mentionnée qu'au XIe. Non loin de là, s'étend un cimetière troglodytique, datant probablement de l'époque paléochrétienne.

Ce paysage pittoresque, parce que pétrifié, placide et piquant, promettait, puis procurait, une sérénité à l'avant-goût de paradis, aux curieux qui en foulaient désinvoltement le sol.

Mais tous ne purent en dire autant. Notamment un ancien qui vivait non loin de là et vit, dans les années 1660, alors que les deux sanctuaires tombaient en ruine, envahis sous les décombres et recouverts de ronces, une étrange procession.

Une ligne ininterrompue de lumières quittait la nécropole abandonnée pour se rendre à l'ancienne chapelle, sise au bord de la route.

Le prodige se produisit plusieurs saisons consécutives. Le vieil homme en fut témoin à maintes reprises. Puis un pâtre, qui avait déserté son jas* pour mener son troupeau paître dans la garrigue* environnante, découvrit une figurine enfouie dans un buisson d'épines, buste de la Madone sculpté dans un bois très sombre.

Aussitôt s'imposa un pèlerinage à la Vierge noire de Notre-Dame-des-Lumières. Une entité tutélaire que la piété populaire invoqua avec une ferveur spectaculaire.

La foule remercia la bienfaitrice et ses compagnes de crypte qui l'assistèrent dans la guérison et le salut des âmes, par le don d'ex-voto peints, d'une naïveté et d'une expressivité attachantes, disséminés autour des trois statues.

MÉLUSINE DE PROVENCE

Sis à une vingtaine de kilomètres à l'est d'Aix-en-Provence, le petit village de Rousset se blottit contre son église romane. Il semble y faire bon vivre et on a l'impression qu'il en a toujours été ainsi.

Pourtant la localité fut autrefois hantée par une étrange histoire de métamorphose. La tradition rapporte qu'un chevalier du lieu, Raymond, aperçut au cours d'une promenade sur les bords de l'Arc, une jeune fille qui ne manqua pas d'attirer son attention.

Il approcha, accrocha et… avisa. La damoiselle, ravissante, radieuse, rayonnait de fraîcheur. Elle était si charmante que l'homme en conçut immédiatement un vif sentiment. Si violent qu'il demanda sur-le-champ la belle en mariage.

Celle-ci accepta aussitôt, à la condition toutefois que son prétendant s'engage à ne jamais chercher, sous aucun prétexte, à l'observer durant son bain. Le chevalier, surpris, y consentit volontiers, souriant de cette idée fantasque.

On organisa donc une fête fabuleuse, fastueuse. Les réjouissances se prolongèrent fort tard dans la nuit et laissèrent présager une union durable et heureuse. Ils eurent de beaux enfants, deux filles et deux garçons, tous quatre d'une exquise distinction.

La vie s'écoulait douce et sereine dans la riche demeure familiale jusqu'au jour où, étourdiment, maladroitement, inconsciemment, Raymond entre par inadvertance dans la chambre de son épouse. Or celle-ci est occupée à sa toilette.

Instantanément, le malheureux aperçoit, glacé d'effroi, un serpent monstrueux, aux écailles visqueuses, s'élancer hors de la baignoire et franchir frénétiquement la fenêtre, pour aller se perdre dans les paluds* qui jouxtent la rivière proche.

On dit qu'il sombra à jamais dans le désespoir…

Nul ne croisa plus ni l'effrayante bête, ni l'élégante dame !

Il paraît pourtant qu'un fantôme diligent et discret vint longtemps rôder sous les croisées attristées des descendants éplorés du chevalier Raymond de Rousset.

Le randonneur averti qui longe, les jours de pluie, les rives de l'Arc, imaginera facilement, s'il entend soudain un glissement parmi les herbes, la mélancolique Mélusine qui se soustrait irrémédiablement, irréversiblement, au regard des passants…

LA NAISSANCE FABULEUSE DU BERLINGOT DE CARPENTRAS

Le berlingot, ce merveilleux petit bonbon de sucre, à la couleur d'amarante et à la saveur de menthe, réconcilie miraculeusement les savants. Ceux qui ne s'intéressent qu'à ses mensurations en trois dimensions, et l'appellent, les cruels, tétraèdres. Qui désignent par là non un rapace prédateur de perdrix. Pas plus qu'un grand coq de bruyère ou un palmipède migrateur.

Mais bien un étrange volume, une mystérieuse pyramide triangulaire qui ne compte pas moins de quatre faces planes !

Et ceux qui se passionnent pour l'origine des vocables, ces détectives de l'étymologie, curieux de l'apparition, de l'évolution et de la pérennisation…

Et nos gourmands enquêteurs anonymes de fourbir sans fourberie leur loupe pour fournir sans forfanterie quelques explications crédibles…

Intrigués, inquiets, interdits, ils tergiversent, versent au dossier cent pièces contradictoires… Le berlingot s'enracine-t-il dans l'argot transalpin, où *berlingo* signifie table, et désignerait-il alors une friandise fabriquée sur un trapu et trivial tréteau de cuisine ?

Ou bien s'inspire-t-il de caramels de claire couleur aromatisés à l'orange, au café et autres parfums des jus de fruits qui les composent ? Des confiseries nantaises qui auraient emprunté la douce recette aux Amériques.

Le berlingot est incontestablement un lingot biseauté, biscornu, bizarre. Baroque !

Qui ne saurait se contenter d'une naissance de circonstance. De l'utilisation de restes de sirop fruitier cuit par exemple ! La piste est par trop piteuse, pitoyable !

D'ailleurs, les limiers perspicaces percutent avec pertinence. La bonne ville de Carpentras est sise au pied du mythique mont Ventoux, prodigue en rabasses* et asperges, fraises, cerises et abricots, et mille plantes odoriférantes parmi lesquelles menthe et lavande.

La capitale du comtat Venaissin, où Clément V, premier pape d'Avignon, transporta le Saint-Siège loin des troubles et agitations de Rome en ce début du XIVe siècle.

Il y fit aménager une demeure en splendide palais épiscopal, commandant aux artistes les plus réputés des fresques admirables, veillant à l'agencement de logements pour les membres de sa faction et ses montures.

Une cohorte affectée à la protection corporelle rapprochée de sa cour l'escortait, lors de ses escapades, en un cortège cosmopolite, qui le menait visiter ses vignes ou ses granjons, à l'amble de sa mule. Les costumes colorés des gardes suisses et des arbalétriers arrachaient alors des exclamations d'admiration aux dames pieuses et curieuses du voisinage.

Bertrand de Got, avant d'endosser l'habit pontifical, cultivait déjà un art de vivre façonné à l'aune de son goût pour la bonne chère et de son sens inné de la fête.

L'homme de Dieu, habile et vigilant stratège, venait de procéder quelques semaines auparavant à la dissolution du dangereux et ombrageux ordre des Templiers, quand il décida de célébrer avec magnificence ce succès éclatant. En bon vivant, il prit plaisir à partager sa joie et ses biens avec les habitants d'alentour. Il les invita donc à se réjouir de l'événement, leur distribuant vêtements, vin et victuailles variées.

Il convia pour un rituel cérémoniel exceptionnel plusieurs cardinaux, maints notables et tout ce que la noblesse de la contrée comptait de comtes, marquis et autres barons. Du beau monde ma foi, qui se pressait, aux anges d'être l'hôte d'un jour de la suite papale !

La réception se déroula dans une magnifique salle de l'actuel palais de justice, autour d'un menu tel que l'exigeait la coutume de l'époque. Pendant que le peuple reconnaissant se rassasiait de petits pains, de soupe, de viande ou de poisson et d'œufs, l'aristocratie se régalait de volailles et de gibier.

La rumeur rapporta que poules et perdreaux, chapons et dindons, paons et faisans, et même un sanglier, trônaient sur le buffet du banquet.

Ces plats somptueux et savoureux s'exaltaient du bouquet enivrant des meilleurs crus de Châteauneuf-du-Pape.

Entre chaque service avait lieu une remise de gratifications. Clément V reçut d'abord un beau présent. Puis un amphitryon après l'autre se vit remettre à son tour un cadeau, selon un protocole rigoureux et majestueux. C'est bien entendu à l'heure du dessert que le faste du festin atteignit son paroxysme.

Des serviteurs en livrée d'apparat présentèrent aux commensaux deux arbres dressés. Le premier décoré de pêches, de pommes et de poires, aux branches gonflées de figues dorées et de raisins mordorés ; le second ployant sous la charge de capiteux fruits confits.

Un entremets mémorable marqua ce moment extraordinaire. Le flan onctueux, tout d'œufs frais garni, ruisselait d'ambroisie et des délicieux nectars des liquoristeries du pays. Les fameuses fraises des primeurs du pourtour embaumaient la salle de senteurs suaves.

Le maître queux du pape gourmet ne voulut pas s'arrêter là. Il imagina d'enjoliver la présentation de ces délices, en les parant d'arachnéens filigranes de sucre filé. Et le résultat suscita, parmi la joviale compagnie, force soupirs de ravissement.

Mais tout cela n'était rien en considération de la surprise concoctée au fond de l'office par le cuisinier de Clément V. Le génial chef entreprit d'ajouter à ce caramel des extraits mentholés et citronnés. Les mains enduites d'huile, il modela de ses doigts habiles un bâtonnet qu'il s'empressa d'offrir à son maître sur un plateau d'argent, rendant alors hommage à Bertrand de Got qui donna son nom à cette exquise gâterie, dont s'enorgueillit à juste titre sa cité natale, depuis près de sept siècles.

Le pontife découpa religieusement le berlingot de la pointe de ses ciseaux d'or, distribua à ses amis le bonbon à filet d'albe et se lança dans un éloge enthousiaste à l'encontre de son pâtissier.

Les sucrecuitiers carpentrassiens ne tardèrent pas à l'imiter, conférant à la ville une gloire immarcescible.

Une étymologie de légende pour un lexicographe épris de poésie éponymique et gastronomique… cueillie par ironie en épilogue, comme issue de table inimitable, destinée à aider à la digestion et à la purification, non des âmes, mais de l'haleine…

LES MALHEURS DE MOURETTE

Bâtie sur le flanc nord de la Montagnette, massif couvert de garrigue*, la ville tranquille et troublante de Barbentane est dominée par une tour imposante, la tour Anglica, donjon du château épiscopal édifié vers 1365 et modifié, restauré au fil des siècles.

En ce temps-là, l'évêque en fonction avait pour clavaire* un vieux veuf, voué à la chrétienne cause, plus soucieux de veiller sur la vertu de sa fille que sur la sécurité des lieux.

Or Mourette entretenait une gracieuse intrigue avec un galant qui, en tout bien tout honneur, réchauffait son cœur par les chants et les danses qu'il exécutait nuitamment sous sa fenêtre.

La demoiselle enamourée prenait pleinement plaisir à écouter ces mélopées, fredonnées affectueusement, qui la consolaient de ne pouvoir rejoindre son prétendant, rencontré au bal quelques semaines auparavant. L'audacieux ayant promptement demandé la main de son aimée, icelle avait été enfermée à clef au plus haut du corps de logis de l'acariâtre vieillard.

Mais un lierre poussait au pied de cette tour où vivait la belle. D'abord frêle, il s'épanouit par la suite au même rythme que les sentiments des tourtereaux. Il atteignit bientôt l'appui de la fenêtre.

Un soir, le jeune homme, malheureux de ne pouvoir approcher la superbe créature qui lui inspirait de si doux transports, voulut tenter l'aventure et rejoindre l'arcature de la croisée.

Il envisagea donc, pour contempler le visage chéri, de s'aider de ce solide lierre, parti vigoureusement à l'assaut du mur. Il grimpe courageusement le long de la façade fortifiée, posant délicatement les pieds sur le tronc du persistant végétal. Il croit atteindre son but, la jouvencelle lui tend son poignet pour l'aider. Mais il n'est pas plus tôt arrivé juste sous le fenestron*, enchanté de sa prouesse, que la plante cède sous son poids et se détache de la paroi, arrachant au soupirant un terrible hurlement et à Mourette un horrible cri d'effroi.

Celle-ci aussitôt se penche et aperçoit le jeune homme qui gît sur le pavé, roide, la tête fracassée sur le bord de la fontaine.

Souvent en ce lieu marqué du sceau du malheur, un vent vespéral véhicule la voix vibrante du défunt, à laquelle répondent de sourds gémissements.

Des commères croient identifier dans cette plainte les sanglots de la pauvre Mourette qui, de cette nuit fatale, resta cloîtrée de par sa volonté, en son donjon, aussi recluse qu'une prisonnière au fond de son cachot, aussi muette qu'une carpe au fond de son étang, aussi prostrée qu'un forgeron privé de son enclume.

Elle ne fut plus d'aucune communion, d'aucune célébration. Elle ne fredonna plus jamais la moindre ritournelle, n'esquissa plus jamais un quelconque pas de cordelle*, ne goûta plus jamais un semblant de gâteau à la mirabelle.

On dit que le lierre ne meurt pas toujours là où il s'attache ! Il se remit à croître lentement et il escalade aujourd'hui encore la muraille.

LES PÉNITENTS DES MÉES

Les esprits par trop cartésiens voient rapidement, sommairement et trivialement, dans les étranges statues de pierre figées sur les bords de la Durance, le simple résultat d'un phénomène d'érosion. Comme si le ruissellement incessant et lancinant des eaux pluviales s'était employé à rogner, pour les buriner, les poudingues diaclasés de la falaise !

L'origine de cette curiosité géologique, génératrice d'une sereine et pérenne beauté, est à chercher dans un épisode mouvementé de l'histoire médiévale locale.

À cette époque, les Sarrasins avaient établi leur campement à Peyrimpi. Ils tourmentaient, taraudaient, terrorisaient tout le territoire. Et trouvaient résistance auprès d'un personnage, le sire de Bevon qu'ils guerroyaient sans répit.

La victoire récompensa à la parfin le courageux combattant des Infidèles dont il investit incessamment la base. Dans cet antre, Raimond mit la main sur quelques biens précipitamment abandonnés et découvrit sept jolies mauresques auxquelles il offrit l'hospitalité dans son château, afin de les envoyer ensuite, enchaînées sur un radeau, descendre le cours de la Durance jusqu'en Arles, où les attendraient leurs maîtres.

Mais la beauté des femmes et l'ardeur de Rimbaud basculèrent le sujet, bousculèrent le projet. Les étrangères s'attardèrent sans mystère chez leur hôte, qui ne manquait aucune opportunité de prévenir tous leurs désirs.

Là, les captives aux yeux de braise, aux cheveux opulents, délivrent, avec langueur, un charme exotique qui envoûte incontinent tous les passants, qu'ils descendent les flots tout proches, ou qu'ils cheminent sur la route voisine. Leur parfum musqué, leur voix suave, tout concourt à la magie de l'attraction.

L'événement enflamme la population. Les uns se prononcent pour le départ des réfugiées. D'autres souhaitent qu'elles restent là.

Mais un ecclésiastique, vigilant, veille à la préservation des bonnes mœurs. Il est préoccupé. En effet, Donat bataille contre la gouaille de ses ouailles. Il se rend chez Rimbaud, le somme d'amender sa conduite, le menace d'excommunication. Au diable l'avarice !

Troublé par l'intransigeance de l'homme de Dieu, et soucieux de la sauvegarde de son âme et de la paix publique, le châtelain consent à laisser partir, non sans regret, les Sarrasines.

Chacun assiste à leur embarquement. La moinerie et son père prieur, censés surveiller la bonne marche de l'opération, ne manquent pas une seule minute de l'événement. Ces sentinelles occasionnelles, pourtant sommées de cacher, sous une capuche, leur visage, et de n'entrouvrir les paupières qu'avec parcimonie, dévorent du regard les protagonistes à la peau ambrée.

Que va-t-on devenir si même les serviteurs du Très-Haut se laissent surprendre en train d'admirer les invitées de Rimbaud avec des pupilles brillant de convoitise et de concupiscence ! Il faut dire que leurs robes, exquises superpositions de voiles transparents, soulevés par la brise telles d'évanescentes moustiquaires…

L'ermite de Lure, pourtant ravi d'avoir négocié le départ des musulmanes, assiste, inquiet, à la scène, caché dans son observatoire, sur l'autre rive.

Pris subitement de panique à la vue du danger encouru par l'assistance – laïque ou mystique – il préfère pétrifier sur place les pieux pécheurs.

Désormais, les moines regardent sans la voir la verte vallée… de leurs prunelles de pierre, pour une pénitence qui perdure depuis des siècles et des siècles !

Leur prieur, sa croix sur la poitrine, pareillement puni, participe à l'immuable et immobile faction. Les pénitents des Mées tirent leur nom de la ressemblance qu'ils présentent avec les *metae*, bornes romaines. Quelle ironie !

LE CHÂTEAU DES POÈTES TROUBADOURS

L'histoire se passe du temps que des dames de haute lignée, dans le cadre d'un château d'amour troubadour, s'adonnaient aux plaisirs des arts et des fêtes. Sous les hauts plafonds à caissons, s'élevaient alors les sons mystérieux des luths et les voix mélodieuses des baladins ; au coin des cheminées, se déclamaient des déclarations détonantes. Sur les bards*, résonnaient les pas et les entrechats des danseurs et acrobates. Enfin, dans les chambres, se murmuraient les vers de poèmes parmi les plus galants…

Le seigneur Pierre de Châteauneuf, de retour de Terre sainte où il avait croisé le fer avec les Infidèles pour reconquérir le tombeau du Christ, eut vent, par de fidèles amis, de cet endroit privilégié qu'animaient de charmantes et gracieuses héroïnes aux noms évocateurs de muses : Alasacie, Ysoarde, Béatrix ou encore Stéphanette…

Pour ces belles, il composait déjà, dans toutes les cours dont il était l'hôte depuis son arrivée en Provence, des ballades, des pastourelles, des chansons d'aube qui séduisaient les chevaliers ou les écuyers, preux guerriers, au même titre que les douces et romantiques âmes féminines.

Sa renommée de poète parvint jusqu'à la fameuse forteresse et aux oreilles de ces nobles femmes qui y séjournaient à l'année. Par l'entregent des saltimbanques qui, au long des chapelets de villages de la contrée, offraient à la population qui, leurs bouffonneries et leurs facéties qui, leurs marchandises, elles lui adressèrent un plaisant message de bienvenue au donjon, où elles se disaient mourir d'impatience de l'accueillir.

Flatté à l'idée de coudoyer ces élégantes dont chacun s'empressait de vanter le charme et l'intelligence, le cavalier, chevauchant son plus rapide destrier, la mandoline à l'épaule, s'en fut par monts et vallons vers ce pourpris prometteur des plus tendres délices.

Au cours de son voyage, il traversa, dans le massif des Alpilles, une forêt de chênes si dense que les branches touffues des taillis et des bosquets empêchaient la lumière de filtrer. Les houppiers bruissaient des mille cris tapageurs de leurs locataires, en pleine effervescence.

Subitement, il fut surpris par un silence si pesant qu'il en devint oppressant, trahissant vraisemblablement l'imminence d'un événement d'importance, d'un incident, d'un danger. Les oiseaux ne gazouillaient plus, les cigales s'étaient tues, même les feuilles s'abstenaient de frémir. La sylve entière semblait être figée, en attente d'une métamorphose.

Mais Pierre de Châteauneuf ne fut guère troublé par ce soudain mutisme de la nature. Lui, qui avait valeureusement combattu à Saint-Jean-d'Acre et à Jérusalem, ne pouvait se laisser impressionner tel un varlet. Ainsi poursuivit-il sa route en chantonnant un refrain composé à la gloire de la comtesse de Provence.

Tout à coup, une bande de gueux dépenaillés surgit de derrière les fourrés. Des brigands aux cheveux ébouriffés et à la barbe hirsute se jetèrent sur sa monture pour lui barrer le passage. L'animal, saisi par le mors avec une violence effrénée, se cabra dans un hennissement de douleur épouvantable.

Le croisé, rompu aux affrontements les plus impitoyables, resta cependant en selle. Aussi un des scélérats dut-il s'agripper à sa jambe pour le jeter à terre ! Puis il se rua incontinent sur lui, armé d'une massue et d'un poignard, et le roua de coups. Ses comparses se précipitèrent aussitôt pour lui prêter main forte et contraindre la victime à remettre sa maigre bourse.

Le conflit, déloyal, qui vit opposés un aristocrate épris de beau et de bien et des bandits de petit chemin, ne s'acheva pas là. Les voleurs voulaient non seulement le déposséder de son argent et de ses vêtements mais également le trucider sans autre forme de procès. Pierre de Châteauneuf, nu comme un ver, démuni tel le nourrisson, comprit leurs intentions, quand il vit l'un d'entre eux aiguiser la lame de son épée.

Il supplia adonques ses agresseurs de le laisser entamer un couplet avant que de vivre sa dernière heure. Ses détrousseurs, ébahis et curieux – aucun d'entre eux n'avait eu l'occasion d'entendre le son de cette sorte de mandore – acceptèrent de lui accorder cette grâce et lui rendirent son instrument. Il entonna donc un refrain mélancolique, confus du ridicule de la situation, de la lâcheté de l'agression, lui qui avait guerroyé par-delà les mers.

Aux premières notes de la lyre, les oiseaux réitérèrent leur tendre gazouillis, les cigales cymbalisèrent à qui mieux mieux, les feuilles frémirent légèrement. C'était comme si toute la futaie souhaitait d'un trait l'accompagner en un chœur complice et joyeux ! Il fredonna interminablement des couplets à la louange des larrons, qui s'égosillaient à reprendre de concert la rengaine à leur honneur.

Puis, estimant qu'il avait suffisamment prolongé son chant, se résignant à la fatale issue, il se tut. Les pillards, enthousiasmés par cette prestation inattendue, lui réservèrent une ovation peu commune. Et dans l'exaltation s'empressèrent de lui restituer son argent, ses accoutrements et son cheval !

Le seigneur les remercia avec effusion puis les pria de le suivre au château. Il leur parla simplement, avec la conviction d'un cœur pur :

« Pourquoi menez-vous cette existence semée d'exactions, de pillages, de meurtres ?

– Parce qu'il nous faut bien survivre ! répondirent les canailles.

– Il existe pourtant tant d'autres solutions ! Suivez-moi ! »

C'est ainsi que les charmantes habitantes du château des troubadours virent, un beau matin, arriver le poète courtois, affublé d'une escorte peu banale de rustres aèdes !

LE COULOBRE* DE L'ÉTANG DE L'OLIVIER

Nombreux sont les animaux fantastiques qui terrorisèrent les habitants de la Provence au cours des premiers siècles de l'ère chrétienne. Des dragons, bien souvent, qui permirent – de mauvaise grâce – l'évangélisation des populations.

Involontaires mais vernaculaires auxiliaires des saints qui se voyaient confier la difficile mission de conversion des indigènes et, pour dompter leurs âmes récalcitrantes, combattaient le paganisme et ses piètres démons, symboles de brutalité, de naïveté et d'impiété.

La tradition rapporte qu'un énorme mammifère à apparence de serpent, mi-terrestre, mi-amphibien, se dissimulait dans les eaux profondes de l'étang de l'Olivier, sis au septentrion de l'étang de Berre.

Cette couleuvre sanguinaire ne sortait de sa caverne que pour dévorer les moutons des tribus gauloises de Miouvin. À défaut de tendres ovins, elle emportait tout ce qu'elle trouvait sur son passage, bête ou personne, pourvu que la chair soit fraîche.

On décida qu'il devenait urgent de se débarrasser de cette créature qui descendait sans doute des sauriens, peut-être ces dinosaures qui peuplaient autrefois la région.

On fit donc appel à un homme d'expérience, qui seul saurait sûrement vaincre ce monstre. Ce personnage, c'était saint Véran, patron de la ville de Cavaillon, dont le fabuleux exploit – la capture et l'extermination du dragon de la Fontaine de Vaucluse – était connu et admiré de tous.

Armé d'un goupillon dans la dextre, une chaîne de fer enroulée autour de la senestre, il tint tête à la bête, la saisit et parvint à l'étrangler.

On murmure que, mortellement blessé, le coulobre* se dressa dans les cieux, en un ultime bond, pour retomber sur le hameau le plus élevé de la contrée, qu'on baptisa du nom de l'illustre sauroctone, Saint-Véran.

La légende ajoute que, touché à trépas par la figure tutélaire des bergers, il perdit douze gouttes de sang dont les points de chute déterminèrent les étapes symboliques de la transhumance.

Autour de l'étang de l'Olivier se dressent quelques chapelles qui semblent protéger pour l'éternité, d'une cordelière solennelle, ce lieu sacré !

LA DAME BLANCHE DE CHÂTEAURENARD

En ce temps-là, vivait entre Camargue et Montagnette un puissant seigneur, le comte Raynard, qui possédait d'opulents domaines sis entre Saint-Rémy-de-Provence et Châteaurenard, probablement en Petite Crau car le reste de la plaine, alors souvent inondé et marécageux, stagnait plutôt à l'état de paluds*.

L'homme, souhaitant freiner les aspirations belliqueuses et conquérantes des Barbares, résolut de faire ériger, sur les ruines du fort romain de Châteaurenard, un castelas* susceptible d'arrêter l'ennemi.

Bientôt se dressèrent trois imposantes tours prêtes à affronter les invasions, fières et altières qu'elles étaient, arborant hardiment la bannière de Raynard. Leur vue glaça d'ailleurs d'épouvante les rangs rivaux.

Emma, sa bien-aimée, avait observé avec tristesse l'installation des échafaudages, la progression des travaux, la finalisation des aménagements. Elle redoutait, lorsqu'elle suivait la construction de cet imposant édifice, de nouveaux affrontements. Et ne pouvait s'empêcher de penser au proche départ de son époux pour la croisade.

Peu après, Raynard se trouva dans l'obligation d'aller combattre les Maures en terre étrangère et lui confia sa bannière. « Ne pleurez ma mie ! Il me faut partir en puissant pèlerinage jusqu'en sainte Jérusalem pour reprendre aux Infidèles le sépulcre du Christ. Je m'en retournerai bientôt. Toutefois si je meurs en ces lieux lointains de Palestine, faites-moi dresser un tombeau près d'ici. »

Ainsi investie pour gouverner en lieu et place de son noble mari, Emma était résolue à défendre témérairement le château, en cas de raid, un fait coutumier des Sarrasins, à l'époque féodale.

Le comte n'eut pas beaucoup de chance à la bataille. Arrivé à Maupas, il subit une déception, une défaite, une déroute. En un mot, un désastre !

Une lutte sans merci s'était engagée qui vit périr Raynard lui-même et tous ses valeureux combattants.

Emma, de son côté, en décousait aussi avec la stupeur causée par les envahisseurs. Elle se tenait au sommet du donjon central, volontaire pour participer au conflit opposant la framée au cimeterre. Les villageois, réfugiés au pied des murailles, se tenaient à proximité des soldats. Ils se préparaient à une nouvelle attaque…

À l'aube, l'acharnement est à son acmé. Les pertes sont terribles.

Le camp des musulmans ne comptera aucun survivant. Les chrétiens n'ont pas fait de quartiers.

Les vainqueurs se ruent sur les dépouilles des vaincus pour leur arracher tout ce qui est encore récupérable : les bijoux, les armes, les vêtements…

Vingt-quatre heures auparavant, c'étaient les Sarrasins qui dépossédaient les Francs.

Emma, qui brandissait fidèlement l'étendard de son conjoint, était folle d'inquiétude, d'incertitude. Ignorante quant au sort réservé à Raynard, elle passa la nuit en prières. Le lendemain, elle décida de revêtir une armure, sortit du castel à la tête d'une garnison et remporta une éclatante victoire !

Mais subitement, posant son regard sur le sol encore ensanglanté, la comtesse aperçut le bouclier peint aux armoiries de son cher disparu et s'écria, tordue de douleur :

« Écusson guerrier, tu m'apprends qu'il a péri… » et à ces derniers mots, Emma, éprouvée par les événements et l'émotion, s'effondra et rendit l'âme.

La légende prétend que chaque soir, le fantôme d'Emma, désemparé, rôde près de la tour du Griffon, serrant la bannière de Raynard entre ses mains.

LA PASSION DE MAÎTRE JACQUES

L'architecte du temple de Salomon, lorsqu'il quitta la Judée, n'emporta rien avec lui, hormis son savoir-faire. Et c'était déjà bien assez. Personne n'égalait sa science, sa compétence, son expérience pour dessiner les plans d'un sanctuaire ou d'une habitation et conférer du cœur aux pierres, de l'âme aux charpentes, des ailes aux toitures et de l'esprit aux fenêtres.

Mais son génie lui attira les foudres d'un autre bâtisseur, du nom de Soubise, avec lequel il avait eu autrefois un différend sur un chantier. Celui-ci cultivait des émules sous sa férule, tout autour de la Méditerranée, et supportait mal de lui être comparé.

Lorsque maître Jacques débarqua sur le rivage de Provence, il crut entamer une seconde vie. Dans la première localité où il fit halte, il avisa un clan de solides gaillards qui devisaient malicieusement et leur demanda du travail, comme il se faisait à l'époque, afin de subvenir à ses besoins.

« Quel est ton métier ? lui demandèrent les clients de la taverne.

– Je sais construire des maisons, des châteaux et même des temples !

– Tu pourrais donc nous être fort utile ! affirma un homme attablé devant un verre de liqueur.

– Comment t'appelles-tu ? questionna son voisin.

– On me surnomme maître Jacques et il se dit de moi que je donne du cœur aux pierres, de l'âme aux charpentes, des ailes aux toitures et de l'esprit aux fenêtres. »

Un silence de stupéfaction mâtinée de stupeur suivit cette déclaration. Puis des cris de colère fusèrent :

« Attention ! Nous sommes les compagnons de Soubise ! Que le diable te punisse et détruise chacune de tes réalisations ! »

Après ces horribles imprécations, ils le sortirent, le battirent et le poursuivirent, à coups de pavés, jusqu'aux abords d'un marais.

Là, pour leur échapper, le pauvre homme plongea au fond des eaux vaseuses, n'osant pas remonter à la surface, de peur de devenir la cible de leurs frondes et de leurs poignards.

À bout de souffle, il arracha une tige de jonc, qu'il enfonça dans sa bouche, et l'utilisa pour parvenir à respirer sous l'onde. Il demeura ainsi dissimulé, à grand-peine, jusque tard le soir. Ses adversaires le laissèrent pour noyé et s'en retournèrent tranquillement chez eux.

À la vêprée, entièrement trempé, couvert d'algues et de boue, grelottant de fièvre, l'architecte sortit du marécage et reprit son chemin en direction de la montagne, dont l'ombre ténébreuse se profilait sur la lune. Il en escalada les flancs escarpés, serrant précieusement, entre ses doigts gonflés par l'humidité, le roseau auquel il devait d'être toujours vivant.

Au détour d'un sentier abrupt, il découvrit l'entrée d'une caverne, où il se glissa en rampant péniblement. À l'intérieur de ce boyau obscur, il reprit son souffle, s'allongea, puis s'enfonça dans un sommeil réparateur.

À son réveil, il constata avec effarement qu'il avait dormi sur un lit insolite, tressé de longs cheveux vénitiens. Il n'eut que le temps de s'étonner. De mystérieuses voix lui précisèrent :

« C'est la grotte de Marie-Madeleine ! Elle y vivait dans le plus grand dénuement, vêtue de sa seule chevelure, démesurée. »

L'architecte sursauta :

« Qui êtes-vous donc messieurs ? Ne me frappez pas, je vous en conjure !

– Maître, nous sommes vos disciples. Depuis notre plus jeune âge, nous admirons vos ouvrages et faisons en sorte de vous imiter.

– Nous vous avons cherché durant toute la nuit…

– Restez caché ici. Une source y a jailli jadis pour laver les mains de la sainte. Là, vous pourrez vous désaltérer. Et nous vous apporterons de quoi vous sustenter. »

Puis les jeunes gens prirent congé.

Maître Jacques vécut ainsi de longs mois, se plaisant à regarder les chardons bleus frissonner devant l'abri, sous la caresse de la brise. Tous les soirs, au coucher du soleil, ses fidèles adeptes lui rendaient visite, une panière d'olives, de pain et de fromage dans les bras.

Ils conversaient ensuite savamment, analysant les techniques propres à leurs activités, à leurs tâches. Le savant bâtisseur leur prodiguait des conseils judicieux et leur recommandait vivement de mettre beaucoup de ferveur dans leur labeur. Grâce à cette initiation, les garçons progressaient rapidement et ils furent bientôt aptes à édifier, à leur tour, de superbes maisons.

À son exemple, ils mirent du cœur aux pierres, de l'âme aux charpentes, des ailes aux toitures et de l'esprit aux fenêtres.

Les partisans de Soubise, avertis par quelque traître, ne tardèrent pas à remarquer leur singulier manège et, une nuit, décidèrent de les suivre. Ils repérèrent, de la sorte, l'endroit où se camouflait maître Jacques, qu'ils avaient cru mort.

Puis ils attendirent dans la pénombre que ses amis soient repartis pour pénétrer au sein de la baume*. Les cinq persécuteurs se jetèrent sauvagement sur lui et le frappèrent de cinq coups de couteau – rappelant les cinq plaies du Christ – avant de s'enfuir, par une sente chevrière.

Quand ses disciples revinrent afin de bavarder avec lui, ils le trouvèrent agonisant. Il ne put que leur murmurer, dans un souffle :

« Dispensez-vous de me venger. Ce ne serait que dérision. Pardonnez-leur et pensez plutôt à préserver mes travaux et à poursuivre mon œuvre, en y consacrant toute votre flamme ! »

Finalement, soulagé par le serment de ses successeurs, il expira.

Avant de l'ensevelir dans l'excavation, ses élèves, occupés à sa toilette, identifièrent au fond d'une de ses poches le canis* qui lui avait humblement sauvé la vie.

Ils décidèrent d'en faire l'emblème distinctif de leur ordre.

Pour le porter en terre, ils lui ôtèrent ses vêtements qu'en souvenir ils se partagèrent. Lorsque, redescendus en ville, ils firent aux artisans le récit de ce qu'il était advenu, tous furent consternés.

En guise de reliques, ils remirent son couvre-chef aux chapeliers qui le disposèrent dans leur vitrine afin de s'inspirer de ce modèle. Ils distribuèrent sa tunique aux tailleurs de pierre qui empruntèrent sa façon de tailler la roche. Ils abandonnèrent ses sandales chez les serruriers, sa ceinture aux charpentiers, son manteau aux menuisiers, son bourdon aux charrons… Et s'appliquèrent à adopter sa passion de la belle ouvrage.

C'est pourquoi, depuis des siècles, qu'il pleuve ou qu'il vente, que le soleil soit chagrin ou chafouin, chaque compagnon du devoir se doit de pèleriner, une fois au cours de sa vie, vers l'asile enchardonné de maître Jacques, sur un versant de la Sainte-Baume.

On dit que celui qui l'aurait trahi, inconsolable sans doute, trituré de remords – dont la tradition rapporte qu'il se nommait Géron – alla se jeter dans un puits…

LE BOUQUET DE ROSES DE SAINTE ROSELINE

C'est dans le château, flanqué d'une tour carrée de grès rose, dominant le village des Arcs-sur-Argens, non loin de Draguignan, que naquit Roseline, fille d'Arnaud de Villeneuve et de son épouse, Sibylle de Sabran…

Un soir d'hiver, émue de savoir que des miséreux souffraient de la faim et mendiaient devant le porche de l'église, la damoiselle était descendue de son logis, par un escalier dérobé, les poches pleines des restes de ces somptueuses victuailles que l'on gaspillait inconsidérément, lors des mémorables ripailles, si chères au seigneur local, son père.

Depuis son geste éblouissant, les manants de la contrée la guettaient, sous les étroites fenêtres du donjon, les vêprées de fête, comme on attend impatiemment un rayon de soleil après l'averse, le calme après la tempête, le renouveau vernal après les rigueurs hiémales.

Son géniteur, aristocrate au cœur de silex, lui interdisait de pratiquer la charité parce que les plaintes des hardes de gueux qui attendaient la généreuse et nourricière jouvencelle offraient à ses invités apeurés un spectacle désagréable, déplorable, détestable.

Un jour que, soupçonneux, il la prenait en filature – pour vérifier si d'aventure sa tendre progéniture ne bravait pas la censure – il crut la surprendre en flagrant délit de désobéissance. Il lui enjoignit donc d'ouvrir son tablier dans lequel elle dissimulait sans doute les denrées qu'elle destinait aux indigents du bourg.

La jeune fille, embarrassée, invoqua le Seigneur et s'exécuta. Craintive, elle lui répondit, pour la bonne cause, par un mensonge : « Ce sont des fleurs ! » Mais ô merveille ! Alors qu'elle tremblait à l'idée du paternel courroux, qui ne manquerait pas de se manifester avec excès, elle ouvrit timidement les pans de sa blouse.

Les provisions qu'elle portait aux pauvres s'étaient miraculeusement métamorphosées en une magnifique ramade de roses ravissantes.

Elle désarma ainsi l'égoïsme d'Arnaud de Villeneuve, troublé par le prodige. Quelque temps plus tard, elle intégra l'abbaye de Bertrand puis, après un peu plus d'une décennie, établit dans un castel voisin la chartreuse de Celle-Roubaud dont elle devint prieure.

Cette sainte, qui vécut au tournant du XIVe siècle, accomplit la prémonition annoncée à sa mère et son destin de reine des fleurs sans épine, qui devait embaumer la région. On lui attribue de nombreuses interventions surnaturelles.

Après sa mort, son corps resta imputrescible, conservant une pureté similaire à celle de son âme. Présenté dans une châsse de verre, il étonnait par son extraordinaire état de conservation et l'éclat exceptionnel de son regard.

Le Roi-Soleil, qui voulut s'assurer de l'authenticité de la dépouille, somma son médecin Vallot de vérifier s'il n'y avait pas supercherie, qui préleva une parcelle de prunelle, brisant brutalement les beaux blandices et bénéfices, qui se pérennisaient depuis près de trois cents années.

Louis XIV anéantit, en un instant, un rayonnement, un enchantement que les tribulations et autres malédictions des guerres de Religion – dont la perte des reliques – n'avaient pourtant pas réussi à rompre…

Le cartésianisme a décidément peu à voir avec le catholicisme !

LES MYSTÈRES DU GARAGAÏ

La géographie insolite et insondable de ce gouffre fut propice à la naissance de légendes qui se sont définitivement emparées du site. Il est vrai qu'il a été longtemps considéré comme un volcan intermittent dont le cratère crachait, craquelait et craquait, derrière un énigmatique rideau de brume aux allures de fumées et autres fumeroles.

L'environnement montagneux grevé de grottes, crevé de crevasses, prête ses flancs escarpés et entaillés aux imaginatifs, toujours prêts à fantasmer et à fantasier. Mais point n'est besoin de se sentir prolixe pour saisir la magie mythique du massif de la Sainte-Victoire et de cet endroit à pic, à proximité de la Croix de Provence.

Selon la légende, cette immense chaudière, de cent toises de diamètre et de trois cent soixante pieds de profondeur, constituait une prairie panacée pour les pâtres aux brebis blessées ou anémiées.

Les hommes, soucieux de la santé de leur cheptel, ceignaient leurs bêtes affaiblies d'une solide corde de chanvre et les acheminaient jusqu'au fond de l'ouverture béante. Là, elles broutaient et bêlaient à l'envi, ravies de l'aubaine, de l'aube au couchant.

Les convalescentes avaient tôt fait de recouvrer leurs forces après quelques semaines de pâture dans une nature à la verdure revigorante et apaisante.

Pourtant l'histoire antique de ces paysages torturés est loin d'être sereine. Les Romains y ont perpétré un véritable massacre. Le consul Marius aurait fait précipiter dans ce trou infernal, il y a de cela plus de deux millénaires, des chefs teutons et trois centaines de prisonniers…

Il paraît – et c'est sûrement vrai puisqu'un romancier écossais l'a noté dans un de ses ouvrages ! – que la Garagoule avait planté dans ces lieux fatals à la funeste fêlure, son trépied prémonitoire.

Une pythonisse contre la pyrexie ! Pyrrhonien…

SAINTE MARTHE ET LA TARASQUE

Autrefois, entre Arles et Avignon, s'étendait une épaisse forêt composée de bosquets de chênes verts et de buis, de taillis de lentisques et de genévriers et de quelques pins esseulés. Sur les bords du Rhône et près des marais avoisinants, paressaient des prés ondoyants et des sables salés et mouvants, que chahutait parfois le mistral.

Dans ces zones humides, à proximité d'un rocher perdu dans la sylve, à l'endroit même où s'éleva bien plus tard le château du roi René, un énorme monstre amphibie, mi-mammifère, mi-poisson, passait ses journées à se vautrer dans la vase, au fond d'un vaste trou. Un monstre plus gros qu'un bœuf, plus lourd qu'un cheval, plus long qu'un âne, d'une laideur désolante, d'une cruauté désarmante. À l'haleine si fétide qu'elle repoussait les plus intrépides.

Son souffle était si chaud, si brûlant que chacun craignait légitimement de voir naître aussitôt après son passage un inextinguible foyer d'incendie. L'horrible créature, tapie dans le secret de son antre, guettait inlassablement celles et ceux qu'elle n'hésiterait pas à prendre pour proies, passants et enfants, agneaux et damoiseaux, et s'amusait à renverser les bateaux quille par-dessus mât. Dévorant ensuite les matelots.

Nul ne savait exactement à quoi elle ressemblait car personne n'était jamais revenu d'une confrontation avec le dragon. On murmurait cependant que sa tête léonine, son échine tranchante, ses flancs hérissés d'épines et d'écailles, sa queue de serpent, tout concourait à son invulnérabilité.

En outre, ses pattes dignes d'un saurien antédiluvien et ses griffes d'ours avaient la figure d'un étau qu'elle resserrait tantôt lorsque, remontant un bras du fleuve tumultueux, elle saisissait soudain, entre ses mâchoires aux crocs acérés comme des lames de couteau, un pêcheur ou un nageur, dans un chaudron de remous infernaux.

Du haut des remparts de la ville voisine, les soldats, alertés de son arrivée par le frottement de ses serres et de sa carapace sur les pavés, avaient bien tenté de lui jeter des seaux de poix, de lui décocher des flèches, de lui lancer des piques. De l'assommer avec un bloc de calcaire…

Mais tout lui était caresse, tout lui semblait zéphyr.

Un jour que les habitants se montraient particulièrement agacés, douze valeureux garçons résolurent de mettre fin à ses méfaits. Dès l'aube naissante, ils s'avancèrent près du repaire du monstre, armés de gourdins et de frondes. Là, ils patientèrent sagement de longues heures durant, observèrent les allées et venues incessantes des nautoniers, cherchèrent désespérément la figure infernale et, enfin, avisèrent icelle qui engloutissait un bœuf dans un grondement d'extrême satisfaction.

« Cette pauvre bête provient du cheptel de mon oncle ! cria un des jeunes gens indigné.

– Tais-toi donc ! hurla son frère. Tu vas nous faire repérer… »

Il n'eut pas plus tôt fini sa phrase que le dragon aux six pattes, les apercevant tout à coup, se précipita sur eux les babines retroussées, la crinière dressée, avec un mugissement effrayant. Terrorisés, les damoiseaux voulurent s'esquiver mais l'implacable mâchoire, entre ses dents aiguisées comme des poignards, déchiqueta aussitôt deux des importuns.

La chair ingurgitée ne calma vraisemblablement pas l'appétit de l'animal qui se rua sur le reste de la petite bande en poussant des rugissements terrifiants, exhalant une odeur soufrée d'œufs pourris et de cadavres putréfiés insupportable. Il happa d'un coup de gueule deux autres jouvenceaux et leur fracassa le crâne d'un mouvement violent de ses attributs ophidiens avant de les avaler goulûment.

Puis il poursuivit les survivants sur quelques mètres et parvint à rattraper les deux derniers qu'il enleva dans un tourbillon de colère et de bave. Ces intrus-là périrent coupés menu, sur le dos du bestiau, aux crêtes tranchantes ainsi que des cognées.

Les rescapés de ce massacre, l'ayant échappé belle, s'en retournèrent prestement dans leur ville, essoufflés, épouvantés et… définitivement muets et chenus. La scène les avait privés à jamais de la parole et de leur jeunesse !

Désormais on n'osa plus évoquer cet épisode tragique qu'à voix basse, surtout lorsqu'il s'agissait de prononcer le nom du monstre. Tous s'étaient entendus pour la surnommer Tarasque car l'hécatombe s'était déroulée sur les rives rhodaniennes, là où le fleuve s'engouffre furieusement sous les flots, à un endroit dénommé Tarusco.

Les années passèrent ; d'aucuns s'essayèrent bien à épier le mouestre*, intrigués qu'ils étaient par sa soudaine nonchalance. Enfin, comme ils ne l'avaient pas entraperçu l'espace d'un mois complet, ils se crurent assurément débarrassés de l'hôte démoniaque des eaux. Las ! ce n'était qu'illusion. La créature malfaisante réapparut au bout de quelques semaines, plus virulente encore. Et chacun l'avait rencontrée chemin faisant si bien qu'on pensât qu'elle s'était reproduite durant sa mystérieuse absence. Comment décrire la panique qui s'empara alors de la ville entière ?

Les anciens ne se risquaient plus hors de leur maison, les enfants craignaient de jouer dans les cours, les jeunes filles ne sortaient point sur le marché. L'activité ordinaire de la cité semblait suspendue… jusqu'au moment où un marin, qui ne manquait pas de cran, accosta une dépouille gigantesque, fripée, rabougrie, noirâtre, flottant au gré du courant. Une mue ! C'était la mue de la Tarasque !

Il se hâta de retourner dans le centre de la localité, afin d'annoncer à la population ameutée par ses hurlements que le monstre n'avait aucunement commis de progéniture. Son auditoire ne fut qu'à moitié soulagé. Cependant il ne voulut pas contrarier l'homme au courage d'Hercule et resta laconique sur la question, faisant mine de se sentir rassuré. À défaut d'être réjoui…

Quelques-uns, inconscients, mirent au point un stratagème pour parvenir à éliminer radicalement le mouestre. Ils firent appel à sa gloutonnerie qui n'était pas censée résister à la ruse. Afin de mener la Tarasque jusqu'au cœur d'un marécage au sol instable qui avait la triste renommée d'attirer, d'absorber, d'aspirer les êtres vivants qui s'y aventuraient.

Ils s'affairèrent donc à rassembler un extraordinaire troupeau d'animaux domestiques, attachés l'un derrière l'autre au moyen d'une corde et de piquets de bois, solidement fichés en terre. Jusque sur un petit tertre où paissait un robuste taureau de Camargue.

La harde tentatrice excita magistralement l'envie du dragon, qui ne fut pas long à se laisser mener par le bout de la gueule. Mais, proche du but et de sa capture, il se ravisa et trancha net la longe qui reliait entre eux les prodigieux et alléchants appâts. Et l'entreprise de se solder par un échec retentissant qui vit la Tarasque tirer sur la corde avec la force d'un cyclope et ramener, ravie, la ragoûtante carcasse du biòu*.

Les hommes repartirent pour leur foyer dégoûtés, déçus, désespérés. Ils vécurent encore longtemps sous la menace du fauve jusqu'au jour où une dame baptisée Marthe, pénétrant dans la ville de Tarascon, passa devant une cabane où vivaient d'humbles paysans. La famille rassemblée et éplorée y veillait les restes d'un adolescent à demi dévoré.

« Pourquoi pleurez-vous ainsi ? demanda la compagne du Christ, prise de compassion.

– Nous venons de perdre notre fils bien-aimé. C'est la Tarasque qui nous l'a enlevé !

– Mais qui est donc cette Tarasque ?

– Un monstre mi-fauve, mi-dragon qui se cache dans les eaux du fleuve… et dont nous ne parvenons pas à nous débarrasser !

– J'irai demain au bord du Rhône et je m'en chargerai », déclara Marthe d'un ton serein et assuré.

Surpris, les hommes la regardèrent avec stupeur. Elle semblait si frêle dans sa tunique de lin.

« Elle ne fera qu'une bouchée de vous ! s'exclama l'un d'eux incrédule.

– Eh bien, c'est ce que nous verrons. Pour l'instant, pouvez-vous m'offrir l'hospitalité pour ce soir ?

– Évidemment ! » acquiescèrent les pauvres gens.

À l'annonce de son arrivée, toute la population réunie se rendit en procession chez la bienheureuse dont elle avait entendu vanter les miracles, les exorcismes et les intercessions. Les fermiers n'en admirèrent que davantage le courage qui animait ce petit bout de femme.

Le lendemain matin, afin de remercier ses hôtes, Marthe s'en alla au bord du Rhône pour laver le linge souillé. Comme si elle connaissait déjà les lieux, elle s'installa juste à l'aplomb du rocher, refuge du redouté animal. Elle n'avait pas frotté les draps depuis plus de quelques minutes que le mouestre, écrasant les roseaux dans un vacarme assourdissant, faisant trembler les berges de sa reptation sur les galets, soufflant de ses naseaux dilatés une vapeur infecte insupportable, s'éleva hors des eaux tourbillonnantes avec une vocifération impressionnante.

« Que fais-tu ici ? apostropha la Tarasque agacée par l'apparition de l'étrangère. Et d'abord qui es-tu ?

– Je m'appelle Marthe et je suis originaire du pays de Judée, par-delà les mers... expliqua la lavandière avec le plus grand naturel.

– Tu sembles bien effrontée. N'aurais-tu pas peur de moi ? poursuivit la bête.

– Pourquoi ? Je n'ai aucune raison de te craindre... Et toi, que fais-tu ici et quel est ton nom ?

– Je suis la Tarasque. Et je suis si hideuse que les gens qui m'aperçoivent ne peuvent me regarder. Mon haleine est tellement immonde qu'elle empêche de respirer ceux qui m'entourent...

– Moi, cela ne me dérange pas ! » rétorqua son interlocutrice qui s'attelait consciencieusement à sa tâche.

Le colossal bestiau s'approcha alors de Marthe, labourant la rive de ses énormes griffes, déclenchant de sa queue gigantesque un éboulis de pierres, éclaboussant de son mufle visqueux la lessive mise à sécher à proximité.

« Attention, tu vas salir mes draps ! » gémit la blanchisseuse en aspergeant la Tarasque de quelques gouttes. Le monstre s'immobilisa sur-le-champ, comme pétrifié par son geste, statufié par ses paroles.

« Approche donc, vilaine et dis-moi ce que tu veux... » proposa Marthe et l'incroyable se produisit, trouvant les deux protagonistes contentes de se conter moult confidences, sous le regard médusé des pêcheurs embusqués derrière un rideau de roseaux. Ceux-là même qui, quelques minutes auparavant, s'étaient reprochés de ne pas avoir empêché la servante de Jésus d'approcher l'animal.

C'est ainsi que Marthe apprivoisa la Tarasque et lui passa, autour du cou, sa ceinture de rubans bleus pour la conduire – revenue à de meilleurs sentiments, parce qu'enfin aimée – en plein cœur de la ville. Elle se promenait, douce et soumise comme une agnelle, au côté de sa maîtresse.

Seulement, les habitants, qui avaient tellement eu à souffrir des exactions de la bête, ne l'entendirent pas de cette oreille et se jetèrent sur elle, munis d'épieux, de haches et d'épées et, avec un acharnement indicible, se vengèrent du sang coulé pendant toutes ces années.

Les protestations de la sainte restèrent inutiles. Bientôt, la Tarasque, transpercée de part en part, déchiquetée à coups de lances et de pierres, rendit dans un râle déchirant le dernier soupir.

C'est depuis ces événements qu'a été instituée à Tarascon une procession chamarrée et endiablée, retentissant sous les ovations et libations, en commémoration de la disparition de l'énorme monstre amphibie, mi-mammifère, mi-poisson, un monstre plus gros qu'un bœuf, plus lourd qu'un cheval, plus long qu'un âne, d'une laideur désolante, d'une cruauté désarmante. À l'haleine si fétide qu'elle repoussait les plus intrépides…

LA CHÈVRE D'OR

Il se prétend, en maints lieux mystérieux de Provence, qu'à l'aube de l'an mil, les Sarrasins, avant de se retirer précipitamment du territoire, après une occupation de deux siècles, avaient caché le fruit de leurs exactions et de leur exploitation des mines d'argent, dans de profondes grottes, inaccessibles au commun des mortels.

La légende court ainsi près d'Arles, de Vallauris ou de Tanneron et les gens du pays croient fermement à la présence de biens mirifiques placés sous la garde vigilante d'une chèvre à la toison d'or, d'une proverbiale invisibilité diurne et qui, contrairement à la fable, ne se laissera jamais dévorer par le loup.

Un de ces étrangers, Abd al-Rhaman, tenta de s'emparer des Baux, mais fut vaincu par les autochtones aux alentours de la ville imaginaire de Fretta, sise à proximité de Saint-Rémy-de-Provence.

Traqué par ses adversaires et soucieux de soulager sa monture, il voulut dissimuler son immense butin en un endroit sûr, dans une des nombreuses fissures du massif des Alpilles. Car il avait bien repéré, à l'occasion, deux ou trois arbres au tronc creux, une niche dans une muraille à demi effondrée, un terrier abandonné au détour d'un sentier, mais il craignait les brigands et les vagabonds, les chiens, voire les enfants, qui risquaient de mettre la main sur son magot au hasard de leurs jeux.

Accompagné de son plus fidèle serviteur, il se rendit à minuit dans le val d'Enfer où il aperçut une grotte que les habitants avaient surnommée le Trou des Fées. Elle lui sembla suffisamment profonde pour renfermer un recoin obscur, susceptible d'héberger ses précieux biens.

Dès qu'il fit part à son valet de son intention, celui-ci, affolé, l'avertit :

« Maître, les indigènes m'ont souvent parlé de ce puits. Ils racontent qu'il s'enfonce jusque dans les profondeurs de la terre et que personne n'en est jamais revenu.

– Quelles balivernes ! Tant mieux si cet antre est maudit. Aucun passant n'osera s'y aventurer. »

Puis, jetant un coup d'œil circulaire sur les abords, il avisa un petit troupeau de chèvres que nul berger ne paraissait paître ni traire et qui broutaient tranquillement. Il descendit alors de cheval pour choisir parmi les braves bêtes blanches celle qu'il projetait de faire passer devant lui, afin qu'elle lui ouvre la voie.

« Cette joyeuse gambadeuse m'indiquera l'itinéraire. »

Sitôt dit, sitôt fait, il quitta là son compagnon pour s'engager avec la cabro* dans le couloir d'un noir de désespoir. Plus ils avançaient, plus leurs pas résonnaient lugubrement.

Ils parvinrent bientôt, au prix de multiples efforts, rampant, glissant, trébuchant, jusqu'à une espèce d'antichambre où ils subirent l'agression tournoyante d'une nuée de chauves-souris. L'une d'entre elles s'accrocha même à son turban et tenta de lui crever les yeux. À force de livrer combat à la pointe de son cimeterre avec ces harpies volantes, il se retrouva au fin fond du repaire d'une masco*.

Le Maure resta pétrifié sur place. La sorcière ressemblait à une masse humaine dont il était impossible de discerner les traits. Malgré la lueur des torches, son visage restait flou, caché par une sorte de halo gris diffus, au sein duquel flottaient des silhouettes de squelettes et des figures d'allure étrange, araignées, serpents et loups au regard purpurin…

« Approche, mon garçon ! lui intima la femme.

– Faites d'abord reculer toute cette faune qui tourne autour de vous… répondit l'étranger.

– Mes chères filles, éloignez-vous… »

Et les bestioles bafouées et bannies s'éloignèrent en bougonnant en un bien bizarre ballet processionnel, rythmé par de bruyants battements d'ailes.

« Dis-moi maintenant. Que viens-tu faire ici ? interrogea la magicienne.

– Je me suis perdu dans ce dédale et je cherche la sortie.

– Ne sais-tu pas que nul ne peut retourner en arrière ! Il te faudra désormais affronter les dangers et sortilèges que vous rencontrerez sur votre chemin. Mais auparavant tu devras traverser ce voile de brume dont je suis enveloppée et dont tu risques de ne pas sortir vivant. »

La vilaine vieille lui montra ensuite la direction à suivre, de ses mains osseuses aux doigts palmés et crochus. Une faction de sept chats faméliques surveillait l'entrée du trou béant suivant. Abd al-Rhaman, épouvanté par les dimensions de la ténébreuse tanière taillée dans la falaise, poussa un cri d'effroi. Ains la masco, dont l'haleine pestilentielle parvenait insidieusement jusqu'à ses narines, le poussa brutalement vers son atelier où, sur une table empoussiérée, s'alignaient des dizaines et des dizaines de flacons. Là, dans la solitude et l'obscurité, la créature au nez busqué, vrillé de verrues vénéneuses, préparait ses philtres. Elle se saisit de trois fioles qu'elle offrit au Maure avec un sourire crispé, ajoutant d'une voix égrotante :

« Ni ta vaillance, ni ton sabre ne te serviront contre les forces des ténèbres ! Fie-toi à l'instinct de ta bique pour rentrer chez toi et sers-toi de mes poisons et de mes élixirs pour te défendre. Ainsi lutteras-tu, à peu près, à armes égales contre ces puissances redoutables… Va et bonne chance ! »

Habituellement personne ne retrouvait la sortie de ce pourpris hanté. Mais Abd al-Rhaman ne se laissa pas abattre. Il suivit docilement la chèvre qui trottinait inlassablement à travers un long corridor, d'au moins quarante mètres de longueur, avant de pénétrer dans un cul-de-sac où croissait une gigantesque mandragore.

La plante carnivore tendit vers l'arrivant ses lianes interminables et essaya de l'emprisonner contre sa tige fabuleuse, piquée de milliers de minuscules ventouses. Le Sarrasin s'empara sur-le-champ d'une des bouteilles qu'il tenait à sa ceinture et jeta le liquide empoisonné sur les corolles et les feuilles de la végétale diablesse. Instantanément, celle-ci se flétrit, se rabougrit et s'évanouit.

Les deux amis et intrus d'infortune profitèrent des circonstances pour s'enfuir, empruntant un escalier vertigineux, qu'ils dégringolèrent à une vitesse démesurée. Ils atterrirent alors au cœur d'une cave humide, peuplée de fantômes maléfiques.

Dans une hâte légitime, le guerrier aspergea les répugnants revenants ricanants du second élixir. Immédiatement, les spectres disparurent derrière un rideau de fumée soufrée. Nos visiteurs continuèrent leur initiatique périple, par gouffres et par labyrinthes quand, soudain, ils distinguèrent, avec un soupir de soulagement, au-delà d'un rempart qui leur parut franchissable, un faisceau clarteux.

« Voilà le soleil ! s'exclama l'homme rasséréné. Tant pis pour la cache ! Sortons plutôt pour que s'achève ce cauchemar... »

Mais l'antenaise refusa obstinément d'esquisser le moindre pas. Elle grattait le sol de ses sabots et restait prudemment immobile. Le Maure s'appliqua adonques à la convaincre de l'accompagner et ils débarquèrent ensemble dans une vaste salle, au bout de laquelle se dressaient de gros blocs de rocher.

« C'est l'endroit idéal pour mucher mes richesses ! »

Des trésors fabuleux, qu'il escomptait bien récupérer un jour, et qu'il entendait donc mettre à l'abri de toutes les convoitises. Il sortit de ses poches, et de dessous son manteau, des pièces d'or, des bijoux d'argent et des milliers de pierreries, qu'il enterra au pied des rocs levés.

Lorsqu'il eut achevé son travail, il se leva et se retourna, pour voir fondre sur lui un vampire aux crocs acérés et aux griffes recourbées. Il se souvint qu'il lui restait une dernière fiasque mais, impossible de l'attraper...

Elle gisait à même la pierre et Abd al-Rhaman n'eut d'autre recours que le combat. Longtemps, le valeureux Maure se défendit contre cet ennemi implacable. Soudain le monstre suceur de sang rugit si fort que les parois de la caverne s'ébréchèrent, et que la chèvre, couverte de poudre mordorée, put se dégager des fragments de rocaille éparpillés et s'échapper.

Puis la poussière cessa de s'envoler des failles, les cailloux ne roulèrent plus sur les versants de la baume*, les hurlements s'arrêtèrent de percer le silence.

Le serviteur d'Abd al-Rhaman comprit alors que la lutte était finie et que son maître avait gagné le royaume des morts. Seule la bique, maculée des débris, des paillettes du trésor, mis à mal par les coups de griffe et de sabre, avait survécu au terrible carnage.

Il remonta sur son destrier et s'en fut vers ses terres d'Hispanie. Rompu de terreur et de fatigue, il fit halte devant la pauvre cabane d'un pastre* auquel il conta l'aventure. Il conclut son récit par ces mots :

« Malheur à celui qui emboîterait le pas à l'animal au poil éblouissant et aux cornes rutilantes car il ne reverrait jamais la lumière du jour. Il s'égarerait et mourrait de faim, de soif et de peur, abandonné à côté d'un butin d'une valeur inestimable ! »

Depuis cette nuit extraordinaire, la mémoire des Provençaux évoque, avec effroi et émoi, la course bondissante et fascinante de la cabre* d'or. Légendaire uniquement pour les esprits malveillants…

LE SAC DE POIS CHICHES

Un curé d'un âge avancé rêvait, avant de retrouver saint Pierre pour l'éternité et de gagner son paradis, de rencontrer le merle blanc.

Un jour de grande cérémonie, il monta en chaire et s'adressa à ses ouailles en ces termes :

« Mes chers frères, Dieu est bon et généreux. Nous devons constamment nous en souvenir et lui rendre grâce pour ses bienfaits. Ce que nous possédons est un don du ciel et trop souvent nous l'oublions ! Moi-même, dans mon jardin, j'ai ramassé cette année moult pois chiches, un rapport de quarante récoltés pour un planté… On ne pouvait espérer mieux. C'est une vraie bénédiction ! Et comme il est dit dans l'Évangile, Dieu nous donne du bien afin qu'à notre tour, nous le distribuions. Je me propose donc de partager avec vous, puisque vous êtes mes frères en chrétienté, cette cueillette, ni plus, ni moins, car vous savez que nous autres prêtres, nous ne sommes pas bien riches. Mais vous êtes tous, bien sûr, en droit de recevoir une part égale. Or, cela ne représenterait pas grand-chose pour chacun, aussi j'ai longuement réfléchi. Pour ne point commettre d'injustice, j'ai décidé d'offrir un gros sac de ces grains au plus méritant d'entre vous. Il vous suffit pour ce faire d'avoir contracté mariage, et surtout de faire bon ménage, sans dispute ni menterie, ni tromperie, de ne point battre outre mesure votre progéniture, dont la conduite doit cependant se montrer sage. Je suis curieux de savoir lequel gagnera… »

Sous le porche, les paroissiens perplexes commentent l'étrange sermon. Le comportement de monsieur le curé étonne les commères, les catéchumènes et les catéchètes. Même les grenouilles de bénitier sont médusées.

« Qu'est-ce qui lui prend ? Il a reçu un coup sur la tête !

– On devrait l'enfermer à Saint-Paul…

– C'est à se demander pourquoi le Seigneur lui envoie tant de pois !

– Il n'est pas si fada* que ça ! Il est sans doute sûr de les conserver. Gageons qu'il fera bientôt une indigestion !

– Tu veux dire qu'il espère attraper la lièvre du mont Faron ?

– Pour sûr ! Il n'existe pas ce phénomène après qui il court !

– Moi je dis que si !

– Eh bien moi, j'affirme que non ! »

Et la conversation de se prolonger bien après la fin de la messe.

Le brave révérend attend longtemps avant de voir poindre le nez d'un éventuel candidat. Des semaines et des semaines. Voire des mois. Enfin, un beau matin, c'est une prétendante qui se présente. Marie, la moitié de Pierre, avec son caractère certes un peu vif, arrogante mais avenante qui rend, paraît-il, son homme heureux.

« C'est toi, Marie ? Je me doutais que tu viendrais me voir. Avec ton mari, vous semblez si unis, si aimants. J'ai toujours remarqué votre complicité. Je ne pourrais pas en dire autant d'autres couples. Tu vas avoir de quoi préparer de bonnes soupes. Je vais te chercher les grains que tu as gagnés.

– Merci mon bon curé. Cela nous aidera beaucoup. Nous sommes de modestes gens. Pourtant nous vivons joyeux et gentils ! Il ne sert à rien de se plaindre de toutes les façons ! Il y en a de moins chanceux que nous. Et nos petits sont robustes ! Quelle chance ! Nous pouvons continuer tranquilles, jusqu'à la mort.

– Tu parles comme une sage, ma bonne Marie ! Continue ainsi… à agir aussi bien que tu parles ! Ces pois, où vas-tu les mettre ?

– J'ai une serviette pour les emporter.

– J'ai l'impression qu'ils n'y tiendront pas !

– Eh je reviendrai. Je ferai deux voyages, pardi !

– C'est d'un sac dont tu as besoin ! Sinon les grains tomberont et rouleront sur le sol…

– Vous avez raison, monsieur l'abbé. Je le sais, mon époux me l'a encore répété tout à l'heure ! Je l'ai envoyé paître mais il s'est fâché et me l'a redit. Alors vous pensez, têtue comme je suis…

– Mais alors, vous étiez si peu d'accord, que ton mari a failli te battre comme plâtre ! Laisse donc là l'émine*, et t'en retourne chez toi. Il me faut réfléchir à ton comportement. Un entêtement digne de la mule du pape ! Et ton Pierre qui se fâche tout rouge, par-dessus le marché… Il serait bon que je soupèse tout cela. »

On n'a jamais su qui avait profité de la récolte mirifique, d'un autre couple ou du curé.

L'ÉTOILE DE BALTHAZAR

Chacun sait l'histoire des trois Rois mages qui, guidés par une étoile, quittèrent leur pays pour s'en aller rendre hommage à l'Enfant-Jésus et lui offrir, dans cette pauvre crèche de Bethléem, de nobles présents, symboliques et précieux. De l'or, comme à un roi, de l'encens, ainsi qu'à un dieu et de la myrrhe, dont on embaumait les corps des défunts et qui avait la renommée de préserver de la putréfaction.

Ces savants venus d'Orient pérégrinèrent longtemps, puis traversèrent la Galilée et, enfin, arrivèrent en Judée.

Ils portaient les noms mystérieux de Gaspard, Melchior et Balthazar.

Agenouillés humblement devant l'Emmanuel, ils disaient là leur soumission au Fils de l'Homme.

La tradition relate qu'ils représentaient métaphoriquement les continents dont ils étaient originaires, l'Asie, l'Afrique et l'Europe et qu'après cette cérémonie de l'Adoration, ils repartirent pour leurs terres.

Mais en Provence, on sait bien que cette version officielle n'est pas la vraie. En réalité, Balthazar décida de poursuivre son périple en Palestine, menant une agréable vie de nomade, de campement en caravansérail, plantant sa tente de laine ici, faisant halte là au cœur d'une palmeraie, savourant avec bonhomie l'hospitalité locale et les douceurs des oasis, au rythme des buffets regorgeant de loukoums, de dattes et de gâteaux au miel, goûtant l'eau fraîche d'un puits ou d'une gargoulette, préférant tantôt les vertus digestives d'un thé à la menthe.

Toujours attentif à observer la comète qui avait conduit ses pas, il scrutait le ciel chaque soir, armé de son inestimable lunette.

Il rageait bien parfois, quand la reine des constellations, qu'il cherchait désespérément du regard, se faisait mutine et se cachait derrière un nuage. Ou s'amusait à métamorphoser son éclat bleuté si caractéristique, rendant toute identification impossible au mage profondément déçu.

On raconte qu'un jour, arrivant dans un port abrité au creux d'une crique pacifique et mirifique, Balthazar découvrit la Méditerranée. Lui qui venait d'abandonner les océans arides des déserts de sable fut littéralement interloqué, enchanté, émerveillé. Aux anges… D'autant plus que son étoile était soudainement réapparue en cet instant précis, comme par magie.

Le sage était ivre de bonheur. Il lut en ces circonstances un nouveau signe et, sur-le-champ, résolut d'acquérir un bateau. Dorénavant, il n'avancerait plus au pas chaloupé de son chameau préféré, mais au balancement des courants et au bercement des vents. Il dériverait donc au gré des éléments…

Et toute la caravane d'embarquer sur le navire, pour une inédite aventure ! On hissa chameau et dromadaire, âne et mulet, et tout ce qu'un vaisseau peut compter de nécessaire pour voguer sur les flots.

Ravi, conquis, soumis, le mage se laissa diriger par l'astre lumineux qui se présentait docilement à son rendez-vous nocturne.

On fit escale en mer Égée, pour faire provision de vivres et sortir de la cale l'insolite cheptel, qui ne manqua pas d'étonner les autochtones. Puis on reprit le cap de plus belle.

Or, au lendemain de cette sereine étape, les choses commencèrent à prendre une tout autre allure, une tout autre tournure. Le ciel se mit à s'assombrir, des éclairs zébrèrent l'horizon et la tempête s'abattit sur le fragile bâtiment, dans un déluge de pluie, de grêle et de neige mêlées.

Balthazar n'en croyait pas ses yeux. Que se passait-il donc ? Lui qui pensait la Méditerranée d'huile. Maintenant les voiles du mât se déchiraient, la proue arrachée flottait à tribord, la théière d'argent déversait son sombre breuvage sur les tapis de soie, les camélidés, pris d'un violent mal des voyages, blatéraient à l'envi, les loukoums et les dattes roulaient et dégringolaient pour venir se coller aux hublots ; la tente en drap de laine s'envolait dans un tourbillon, bousculant au passage une mouette affolée, les serviteurs épouvantés se répandaient en lamentations et autres prières.

Balthazar, quant à lui, restait imperturbable, attendant impatiemment la descente des ténèbres pour guetter sa brillante complice. Celle-ci se manifesta durant les trois nuits de furie des flots qu'affronta l'exotique équipage. Rasséréné, désolé pourtant de la perte de son inestimable lunette, il détaillait soigneusement l'obscurité.

Le navire eut encore à subir un ultime assaut qui le renversa telle une coquille de noix puis s'échoua sur une plage de gravier. Le mage se hâta de mettre pied à terre afin d'explorer cette grève, ponctuée de pins abrités d'étranges parasols, de touffes odorantes piquetées de fleurs bleutées, de coquillages aux valves nacrées d'un ovale parfait.

« Où sommes-nous donc ? se demandait le savant.

– Sans doute sur le rivage de Provence ! lui répondit un matelot expérimenté. Je reconnais ces parfums puissants et sauvages et ces bruits typiques… »

Balthazar se plut à humer, à badiner, à fureter. Il caressa maints galets, inspecta les buissons de romarin, croqua quelques pignons. Il écoutait les cymbalisations des cigales, le clapotis des vagues qui venaient mourir sur le sable, le murmure délicat de la brise. De loin, lui parvenait le son discret des fifres* que couvrait parfois la scansion des cloches d'un campanile voisin ou la sirène d'un vaisseau rentrant au port.

Il avançait, séduit par l'atmosphère de joie de vivre qui régnait en ces lieux bénis des dieux. De rocher en olivette*, de sentier en bosquet, d'amandaie en roseraie, il suivit un parcours enchanteur qui, par plusieurs aspects lui rappelèrent sa patrie – le bleu du ciel, l'ardeur du soleil, la taille des rochers – et il prolongea longtemps cette exploration, aussi sensorielle que méditative.

Il parvint ainsi jusqu'à de très hautes falaises de calcaire qui se découpaient sur la lumière rougeoyante du couchant. Il réfléchissait, rêvait, réitérant son inextinguible besoin de se tourner vers l'étude de la Voie lactée.

« Au moins, soliloquait-il, sur cet éperon qui tutoie le firmament, je serai proche des étoiles et je n'en travaillerai que mieux ! » Car il faut bien avouer que dans le secret de son cœur, l'oisiveté lui pesait.

Il en était là de ses pensées lorsqu'il entendit une tendre mélopée s'élever du pré attenant. Il s'empressa d'approcher, heureux de trouver âme qui vive en cette thébaïde de garrigue*. Il aperçut aussitôt une jeune fille qui cueillait des fruits, perchée sur une échelle.

« Que faites-vous, ma belle, avec ces drupes charnues autant que prunes de Damas ?

– Ma mère m'a envoyée ici pour garder ma chèvre et j'en profite pour prendre ces pêches dodues et mûres à point… »

Elle le dévisageait sans la moindre appréhension, de ses yeux d'un bleu aussi éclatant que celui de son étoile. Le mage en fut tout ému.

« Et que tiens-tu dans ta corbeille ?

– Des plantes bien utiles à la santé. Celle-ci, c'est de la mauve qui prévient les maux de gorge, la farigoule* aide à la digestion et quant à la sauge, elle aide les esprits tourmentés à s'endormir… Et puis, je cherche des baies de genièvre et de l'herbe de lune !

– À quoi sert-elle donc ? interrogea Balthazar, sensible à tout ce qui pouvait établir un lien, aussi ténu soit-il, avec la voûte céleste.

– C'est un secret. Elle donne des ailes aux cabres*… En tout cas, les bergers le disent.

– Serait-ce une plante de sorcière ? hésita-t-il.

– Oh non, il n'y pas de masques* dans les parages. Tout le monde dit que dans le val d'Enfer, derrière cette colline, se trouve l'antre de Tàven mais moi, je ne l'ai jamais vue, ni mes parents non plus ! »

Charmé par la majesté du paysage et le beau visage encadré de nattes sages, le mage se laissait doucement emporter par ce qu'il croyait être un mirage.

Puis il rouvrit les paupières et décréta de révéler à la pastourelle les doux transports qui étreignaient déjà son cœur. Il lui ouvrit alors son âme, lui énumérant ses projets.

« Je ferai édifier, sur ce piton qui ressemble à un nid d'aigle, une forteresse immense, inexpugnable, qui exercera sa domination à des milliers de lieues à la ronde. Ce sera également un observatoire réputé, d'où l'on examinera chaque corps céleste à l'aide de merveilleuses lunettes que les astronomes du monde entier m'envieront. Et ma descendance, nombreuse et victorieuse, régnera sur toute la Provence… »

À l'étonnante révélation aux allures de prémonition – mais les mages ne sont-ils pas aussi des devins ! – la damoiselle répondit d'abord par un immense éclat de rire. Puis elle se ravisa, se demandant si l'étranger n'était pas un peu ensorceleur.

« Mais tu ne m'as pas donné ton prénom ! Comment t'appelles-tu jeunette ?

– Étiennette, monsieur !

– Et où habites-tu ? Dans ces montagnes isolées ?

– Oui, dans un mas* près de Saint-Rémy…

– Et comment a-t-on baptisé ce sommet ?

– Personne ne le sait. Je crois qu'il n'a pas de nom… »

Balthazar suggéra sur un ton sentencieux :

« Il portera le mien à partir de ce jour. Et toi, serais-tu d'accord pour vivre avec moi, en haut de cette citadelle, et devenir la dame la plus importante de la contrée, du Rhône à la mer ? »

Étiennette se demandait si elle devait prendre au sérieux les propos démesurés de cet original oriental, coiffé de turbans colorés, accompagné d'un gigantesque animal beige à bosses, aux serviteurs affublés de costumes bariolés portant des babouches. Elle imaginait une supercherie.

Discernant son émoi, le mage s'appliqua à la rassurer.

« Regarde cette étoile qui pointe au-dessus du rocher, elle possède la même étincelle que ton regard. Et elle nous indique que cet endroit est bien celui choisi par Dieu pour nous établir. »

Il lui expliqua ensuite, avec force précisions, son cheminement et la jouvencelle, conquise, accepta, sans plus barguigner, de convoler.

La prédiction se réalisa et, du temps que les seigneurs des Baux étendirent leur souveraineté sur la région, ils arborèrent, sur leurs armoiries, l'astre stellaire à seize rais et crièrent haut et fort leur devise : « Au hasard Balthazar ! » dans la plus grande allégresse.

LA POUPÉE DU PRINCE

Il y a de cela très très longtemps vivait, dans la charmante cité de Menton, au climat serein et à la végétation luxuriante, un couple de pauvres et vieilles gens qui n'avait jamais eu d'enfant.

La femme, fort affectée, ne se remettait pas du chagrin de n'avoir point procréé. Elle passait de longues heures, assise derrière sa fenêtre, à regarder passer les joyeuses bandes de garnements piailleurs et railleurs.

Elle les observait avec attention, affection et abnégation. Affliction aussi quand elle pensait à la petite fille qu'elle ne dorloterait jamais, qu'elle ne bercerait jamais, qu'elle ne baignerait jamais. Au bambin câlin et poupin qu'elle n'avait pas cajolé, ni consolé de ses lourds chagrins, ni promené dans les allées du square tout proche.

Elle soupirait à fendre l'âme et son mari, consterné, l'observait du coin de l'œil. Cet homme bon, honnête et courageux, comprenait sa souffrance mais n'osait pas interrompre d'un mot de réconfort, d'une caresse tendre ou d'un sourire compatissant les rêves impossibles de la malheureuse.

Tous deux sentant leurs forces décliner et leur entrain quotidien les abandonner, le corps usé par les besognes et les années, n'osaient imaginer un avenir plongé dans la solitude. Se pouvait-il que leur existence laborieuse et lumineuse s'éteigne sans voir poindre en leur logis une étincelle, propice à la naissance d'une aube nouvelle ?

« Qu'ils sont mignons ces larrons qui jouent sur le perron ! Leurs cris stridents m'égratignent les oreilles mais qu'importe, ils représentent la joie… Quelle tristesse que le ciel ne nous ait pas accordé le bonheur de voir l'un d'entre eux illuminer notre foyer ! »

Elle en était à regretter de les voir s'éparpiller sur la place, tels des moineaux effrontés dans leur livrée marron, quand son époux, las de l'entendre se lamenter pour la centième fois de la journée, décida de lui offrir une gracieuse compensation, une généreuse consolation, une ingénieuse substitution.

Il sortit tranquillement de la maison, d'un air entendu, et se dirigea directement vers le jardin. Là, il entretenait, à proximité d'une cabane quelque peu délabrée, une ruche rutilante, exubérante, bourdonnante, fraîchement repeinte en rouge et bleu. Il détacha délicatement des alvéoles trois lés de cire, des carrés de gelée royale et plusieurs dés de miel qu'il rapporta dans la cuisine, silencieuse et triste comme un jour sans pain. Étonnée, celle pour qui désormais le mot bonheur n'avait plus aucun sens, lui demanda machinalement :

« Qu'est-ce que tu comptes faire de ça ? Un gâteau ou une chandelle ? »

Pour toute réponse, il esquissa un bref mouvement de tête. Déjà prêt à se concentrer sur sa tâche, il s'installa à la longue table de ferme qui traversait l'office et se mit à modeler une statue qui, petit à petit, prit figure puis forme humaines.

Il s'attelait patiemment à son ouvrage qui revêtit bientôt l'apparence d'une demoiselle. À s'y tromper vu sa taille à échelle réelle… Le sculpteur faisait preuve d'une telle dextérité que la créature de cire put rapidement ébaucher une légère torsion du cou, amorcer une imperceptible tension du bras, tenter une frêle flexion du genou. Il faut dire que l'ancien ébéniste avait pensé à confectionner à l'aide de minuscules chevilles des articulations particulièrement abouties, pratiquement invisibles.

L'imitation était parfaite. Sa femme en resta tout éblouie, tout ébaubie. Elle s'attarda longuement à contempler la chevelure dorée, le nez enjoué, les lèvres ourlées. Les pommettes hautes, les fossettes riantes.

« Qu'elle est belle ! s'exclama la brave vieille. Encore plus jolie que dans mes rêves… Tu as réalisé là une véritable prouesse. Il est bien dommage que ce ne soit qu'une poupée ! Je l'aurais préférée vivante mais, ne t'en fais pas, je saurai m'en contenter et je te promets de lui accorder beaucoup d'amour. »

L'homme, satisfait de la gaieté retrouvée dans la maisonnée grâce à cette enfant inespérée, embrassa bourrument sa compagne.

Tous deux admirèrent comblés la jeunesse s'égaillant dans toutes les pièces de la demeure. Ils la promenèrent du salon au balcon, du cellier au grenier… et les semaines s'égrenèrent paisiblement, pleines d'une sereine délectation.

Un jour, le fils du roi se promena à cheval à proximité de leur domicile. Il remarqua à l'angle de la croisée une jeune fille si merveilleuse qu'il en tomba immédiatement amoureux.

De toutes ses pérégrinations dans le royaume, il n'avait jamais aperçu pareils chevelure dorée, nez enjoué, lèvres ourlées. Ni telles pommettes hautes, fossettes riantes.

Il conçut sur-le-champ une violente passion pour cette avenante jeunette. Le monarque, son noble géniteur, inquiet de savoir son fils épris d'une roturière sans fortune, s'efforça de lui présenter toutes les riches héritières que comptait la contrée, de la vallée de la Vésubie au delta du Rhône.

Mais aucune de ces dames de l'aristocratie ou de la bourgeoisie ne parvint à lui faire oublier le magnifique visage entrevu dans l'ombre d'un rideau de tulle. Il ordonna donc à huit valets de se rendre chez les parents de celle qu'il convoitait afin de demander sa main en son nom, puis de la ramener au palais, sur une opulente litière flavescente à rehauts d'or.

Désolés, décontenancés, défaits, les parents n'osèrent dévoiler que le prince aimait une effigie de pâte et de pollen. Et laissèrent les laquais charger l'enfant…

Chemin faisant, harassés, assoiffés, essoufflés, les porteurs firent halte devant une taverne à l'enseigne alliciante. Ils abandonnèrent temporairement leur charge pour entrer se désaltérer.

Douze fées, de retour d'un incroyable périple, passèrent près de la litière et, avec curiosité et jovialité, soulevèrent délicatement les tentures tendues. Elles aperçurent la poupée et la trouvèrent si charmante qu'elles décidèrent de s'asseoir à côté d'elle pour se reposer et converser. Tout en devisant, elles s'extasiaient sur sa beauté :

« Quelle agréable créature !

– Encore plus ravissante qu'une demoiselle en chair et en os !

– Ne pensez-vous pas qu'une vraie jeune fille nous aurait déjà renvoyées ?

– Vous permettez-nous de nous installer à l'intérieur, mademoiselle ? »

L'effigie aux articulations si souples, par miracle, par hasard ou par magie, secoua doucement le chef, un geste à peine perceptible que les fées interprétèrent incontinent comme un acquiescement.

Elles s'esclaffèrent.

« N'est-elle pas adorable ?

– Si drôle, en tout cas…

– C'est une poupée au cœur magnanime ! » conclut une troisième avant de prendre place pour étendre ses membres ankylosés.

Et les magiciennes de continuer à l'aduler.

« Il ne lui manque que la parole ! ajouta soudain la plus bavarde.

– Et si nous nous amusions à la doter de quelques qualités indispensables ? suggéra sa voisine.

– Pour sûr, ce pourrait être plaisant… Je vais lui offrir la voix la plus gracieuse qu'il se puisse écouter. Tous ceux qui l'entendront seront aussitôt envoûtés !

– Et moi, je vais lui donner la gaieté. Qu'en toutes circonstances, elle ne se départisse pas de ce fond d'humour qui rend la vie plus commode aux humains…

– Quant à moi, je vais la gratifier d'un inaltérable amour de la vérité. Qu'elle ne puisse jamais proférer le moindre mensonge ! Pas comme ce Mussipontain que nous avons rencontré ce matin, s'en retournant à son pays, qui ne raconte que menteries, calomnies et niaiseries, organise des supercheries, dissimule ses névroses derrière des commérages, radotages et autres enfantillages ! Je voudrais que cette jeunesse ait un comportement équilibré…

– Et moi, je lui alloue bon sens et sagesse pour qu'elle puisse se tirer des situations embarrassantes avec tact.

– Attendez, laissez-moi aussi un don à lui attribuer ! Que je réfléchisse… Peut-être la faculté de créer qui préserve généralement des mesquineries ! Tant il est avéré que la compétence est une belle héroïne qui marche seule, sans les béquilles de l'intrigue, de la délation, de la critique !

– Fais-tu allusion à la garce originaire de l'Est qui se prévaut de travailler le tourisme au corps et qui se baladait dans les parages avant-hier ? Il est parfois pratique de lire dans les pensées !

– Je crois qu'il faudrait à notre amie un courage indéfectible ! Qu'elle ose dire les choses que chacun rumine mais personne n'expose…

– Attention mes chères, si vous poursuivez ainsi, elle ne trouvera jamais de mari ! Connaissez-vous un homme qui résisterait à de tels atouts ?

– Tu as sans doute raison. Arrêtons-nous là ! »

Ainsi les gentilles fées utilisèrent-elles cette pause à œuvrer au futur bonheur de la sculpture de cire et de miel.

Un peu plus tard, lorsque les laquais passablement éméchés s'approchèrent de la litière, nos magiciennes avaient déjà pris la poudre d'escampette.

C'est un prince en colère qui vit arriver la joyeuse troupe chantant, hurlant, sifflant. Heureusement la statue de pollen, désormais dotée de courage, avait bien supporté le voyage et le tangage…

Le prétendant admira sa chevelure dorée, son nez enjoué, ses lèvres ourlées. Ses pommettes hautes, ses fossettes riantes. Il était littéralement enthousiasmé. La trouvait encore plus séduisante que dans son souvenir. Peut-être avec ce je ne sais quoi de plus, un supplément d'âme ou de… vertus !

Il lui fit part de son désir de l'épouser le jour même mais la jeune fille s'y opposa courtoisement :

« Je n'accepterai de me marier qu'en présence de mes parents ! »

Sa voix mélodieuse charma son soupirant qui envoya quérir les modestes ascendants de sa bien-aimée.

Les pauvres gens se morfondaient dans les galeries du palais et l'attente de la sanction exemplaire, qui ne faillirait pas de tomber à la découverte de leur supercherie.

Ils furent au comble de la surprise en voyant la douce effigie de suc et de sucre se diriger vers eux, souriante et radieuse. Elle les rassura immédiatement :

« Ne vous inquiétez pas. Votre regard rempli d'amour m'a donné la vie ! Et jamais quiconque ne découvrira le secret de ma naissance ! »

Les noces furent célébrées dès le lendemain et les réjouissances se prolongèrent durant un mois. Les invités admiraient cette princesse inconnue à la chevelure dorée, au nez enjoué, aux lèvres ourlées. Aux pommettes hautes, aux fossettes riantes.

Puis les parents comblés s'en retournèrent dans leurs humbles pénates. Ils vécurent heureux et eurent beaucoup de petits-enfants…

LA NAISSANCE DE LA LAVANDE

Il était une fois, dans une contrée à l'été baigné de soleil et de miel, un superbe champ d'oliviers qui s'étendait fiévreusement à perte de vue.

Ses arbres centenaires, au tronc tourmenté d'avoir lutté contre les frimas et les vents d'un climat hivernal souvent cabotin, ployaient chaque automne sous la charge de leurs innombrables petits fruits de jade que leur maître appelait olives.

Ils étaient si fiers d'offrir au vieil homme une récolte exemplaire qu'ils acceptaient sans broncher, dès les premiers beaux jours du printemps, d'être ébranchés, élagués, taillés, traités, comme disent les spécialistes !

Ils se hâtaient aussi – et ce bien avant la Fête-Dieu – de lisser leurs feuilles argentées qui protégeraient, de leur brillant rideau de chlorophylle, les futures drupes d'un ensoleillement trop ardent. Leurs racines, souvent assoiffées par la chaleur brûlante, s'enfonçaient si profondément – sous le sol craquelé d'énormes crevasses comme autant de plaies béantes après les affres de la sécheresse – pour y puiser l'eau indispensable, qu'ils manquaient presque de basculer.

Mais tous ces efforts étaient vite oubliés quand ils lisaient sur le visage du père Fontanille un sourire éclatant de satisfaction.

Les précieuses tanches feraient une nouvelle fois tourner l'écrasante meule de pierre du moulin et rempliraient d'un liquide ambré – aussi précieux qu'un cadeau d'Épiphanie – l'amphore de terre cuite de ce quatrième mage, apparu récemment en Provence, sous les traits familiers d'un humble santon… Symbole du travail des hommes et des secrets de la nature, offrande déposée au pied de l'enfant à côté de la myrrhe, de l'encens et de l'or…

Tout ce cycle de la vie et de la végétation se déroulait dans la félicité et la sérénité du rythme des jours qui passent.

Or il advint une année que ce paisible et prospère petit peuple végétal eut à affronter un hiver de déraison. Les arbres séculaires crurent d'abord à une vague de froid passagère, habitués qu'ils étaient à revêtir chaque Noël un voile de givre qui les muait en fantômes immobiles et glacés, sentinelles cuirassées et figées par le gel pour mieux veiller sur la pastorale, en chemin vers la crèche.

Un matin de février, une formidable tempête obscurcit le ciel. Des milliers de flocons cotonneux s'abattirent sur la plaine, métamorphosant le paysage en un immense vacherin immaculé. Seuls les toits fumants trahissaient une présence humaine cachée sous le manteau vanillé. Les maisons semblaient de cristal avec leurs fenêtres gravées de scintillantes étoiles de sucre glace. Les lauriers-roses courbaient leurs rameaux dans une révérence meringuée. Quant aux oliviers, qui en avaient vu bien d'autres depuis des lustres et des lustres, ce n'était pas cette crème fouettée collée par le mistral à leurs rameaux qui les effrayait ! Bien au contraire ! Ils s'amusaient tels des gamins de ce déguisement presque de saison quelques jours avant la mi-carême !

Insouciants, ils devisaient et plaisantaient de leur noble et flatteuse parure. À la tombée de la nuit, ils sombrèrent dans un profond sommeil non sans avoir nargué insolemment la lune. Il n'avaient plus rien à envier à son masque mystérieux !

Mais voilà qu'à minuit, un fracas terrible les réveilla en sursaut. Le vent rugissait tel un fauve furieux. Le tonnerre claquait en coups assourdissants qui résonnaient jusqu'au moulin, tout en haut de la garrigue*. Les éclairs déchiraient la voûte céleste encore plus foncée que de l'encre. Les éléments étaient déchaînés. Les arbres, secoués et transis, tentaient de résister stoïquement.

Au petit matin, leurs membres noueux et gris, veufs de leur virginal habit de la veille, se félicitaient mutuellement en mutins murmures de leur héroïque attitude.

Pourtant c'était trop vite négliger les caprices atmosphériques ! Car la nuit suivante, un froid griffant, piquant, transperçant bouleversa leur quiétude retrouvée. La température devint brusquement glaciale, presque polaire. Les galopins furent bientôt engourdis sous les assauts du gel et du vent qui multipliaient à l'envi leur cruelles offensives. Cependant dès leur réveil, ils oublièrent l'épuisant combat nocturne sous les rayons d'un soleil déjà chaud. La troisième vêprée, la tempête redoubla de force et de violence. Ce n'était que grincements, craquements, hurlements !

Les végétaux endurèrent avec bravoure les charges de la tornade, de l'aube à l'aurore. La foudre dégringola au beau milieu du verger dans une indicible détonation, engendrant un indescriptible chaos.

Ce n'était plus un champ d'oliviers, mais bien plutôt un champ de bataille !

Sanglots et gémissement fusaient dans l'air lourd et moite. Une soudaine accalmie projeta le moulinier à leur côté. Celui-ci allait de droite et de gauche, félicitant l'un d'une caresse bonhomme sur l'aubier éclaté, encourageant l'autre d'une parole enthousiaste à l'adresse d'une ramure déchiquetée. Ivre de joie au constat que ses oliviers révérés avaient su riposter comme à l'accoutumée aux outrages du mauvais temps, le père Fontanille n'avait d'abord pas remarqué qu'un de ses protégés gisait à quelques mètres de lui, déraciné, le tronc disséqué, les branches disloquées, les bourgeons dispersés.

Un immense chagrin lui serra le cœur. Malheureusement, contre ce mal-là, irréversible, le maître ne possédait pas de remède. Il pourrait, grâce à l'élixir mis au point par son grand-père, réparer chacune des blessures de ses chers oliviers, même les plus profondes. Mais ce cas-là le laissait totalement impuissant. Il rentra donc au village accablé, d'un pas pesant, non sans jeter un coup d'œil au ciel, par-dessus les collines d'ocre.

Apparemment l'air était à nouveau calme. Il s'enferma dans une minuscule pièce, à l'abri des regards et de l'agitation, afin de préparer son repas et l'élixir. La confection de la soupe au pistou* n'exigea qu'une poignée d'instants et quelques ingrédients qu'il conservait soigneusement dans le cellier, alors que la fabrication de la radicale potion le retint plus que de coutume dans ce coin retiré du mas où régnait un bric-à-brac insolite, qui voyait se côtoyer les récipients et les produits les plus disparates, les plus hétéroclites : cornues, grimoires, alambics, poudre de corne de taureau, thym et origan pilés, noyaux d'abricots concassés, essence de romarin, queues de lézards séchées, écorces de cyprès râpées…

Le lendemain, à l'heure du laitier, il se rendit à l'oliveraie afin d'appliquer sur les chairs meurtries de ses chers arbres le baume miraculeux. Il s'appliquait à soigner chacun d'entre eux avec commisération, à lui témoigner abondance d'égards.

Puis il résolut d'enlever la souche endommagée. Il décida de la débiter, puis de l'apporter à Marius, le sculpteur, afin que celui-ci lui donne une nouvelle vie. Domestique sans doute, en taillant dans le bois mordoré, veiné et parfumé, des ustensiles pour le plaisir de la table et des touristes. Cela ne valait-il pas mieux que de stagner sous un hangar dans l'attente d'un quelconque usage ? Peut-être craignait-il de la laisser finir en bois de chauffage même s'il y a pourtant quelque chose de supérieur à réchauffer l'âme et l'âtre de l'homme et de sa compagne !

Le paysan, qui ne se consolait pas de la perte du plus beau de ses oliviers, prit l'étonnante décision de remplacer son vénérable préféré par un fruitier qu'on lui avait donné et dont sa femme prétendait qu'il porterait bientôt de délicieuses petites boules sucrées, à la chair juteuse et à la robe de succin et de carmin. Ainsi l'arbrisseau ne supplanterait-il pas son inégalable prédécesseur !

C'est ainsi que le mirabellier en herbe fit son entrée – ou plutôt son trou – dans l'ouche, dès le riant mois d'avril. Un peu intimidé par ses plantureux congénères dont il ne comprenait qu'épisodiquement le langage et dont le feuillage lui paraissait bien étrange… D'ailleurs ceux-ci ne lui prêtaient guère attention, tout préoccupés qu'ils étaient à panser leurs cicatrices. Le prunier exotique tentait bien d'engager la conversation mais il ne recevait que marques d'indifférence.

Quel ne fut pas l'étonnement des oliviers à la vue de ses feuilles vertes – « d'un vert de grenouille ! s'exclama l'un d'entre eux – et d'une forme tellement bizarre…

– Presque semblables à celles d'un micocoulier – tout juste bon à fournir le matériau dont on fabrique les fourches ! – mais tout de même plus rondes et plus souples ! admit le plus bavard.

– Quelle maladie inconnue peut bien avoir frappé ce jeune plant au point de modifier ainsi ses limbes sans endommager son tronc ? » jasèrent les arbres.

Les mois passèrent…

Le mirabellier se sentait bien seul parmi tous les hôtes du verger. Plus seul qu'un berger au milieu de son troupeau car personne ne semblait faire cas de sa présence. On l'ignorait royalement !

Au printemps, ses voisins dédaigneux s'esclaffèrent :

« Vous avez vu ses fleurs comme elles sont ridicules ! comméraient les individus les plus belliqueux.

– Des fleurs aussi grosses, c'est bon pour des mouches à miel, remarqua le plus proche.

– Comment vont être ses olives ? » poursuivit en écho le doyen de la rangée.

Mais le prunier ne produisit point de fruits cette année-là.

« Tu as vu. Il n'est même pas capable de donner au moins une drupe, le nouveau ! Je me demande bien où notre meunier a déniché ce nigaud-là !

– Je l'ignore. Je suis étonné qu'il ait commis une aussi magistrale erreur ! » asséna le plus tordu.

À l'automne, les arbres qui ne souffraient plus du tout de leurs blessures se couvrirent de mille et mille tanches. Impitoyables, ils raillaient de leurs branches surchargées le mirabellier stérile.

Les petits pendentifs encore verts et amers se prélassèrent sous les derniers rayons de l'astre solaire jusqu'à l'Épiphanie. Cet hiver-là fut si clément !

Quand elles furent d'ébène, le maître se mua en moulinier. Et l'huile coula à foison dans les rigoles du pressoir !

Quant au prunier esseulé, il se morfondait. Désespéré, le printemps suivant, il ne déplia même plus ses feuilles. Le vieil homme était déçu, malheureux ; il ne savait que faire.

Il tortura la silhouette dénudée, sciant de ci, taillant de là. Mais rien n'y fit ! Le mirabellier dépérissait à vue d'œil.

Un soir, après avoir arpenté en solitaire les allées de l'oliveraie des heures durant, en réfléchissant à une solution miracle, dans un geste maladroit, le père Fontanille brisa avec sa fourche la plus grosse branche de l'arbre. Un déluge de sève coula bientôt de la blessure. Le vieil homme se précipita au mas pour quérir l'élixir et revint en toute hâte soigner et cajoler le mutilé. Il le consola d'un flot de paroles et de potion…

O prodige ! Dès le lendemain, les bourgeons recroquevillés de tristesse éclatèrent. Des bouquets de fleurs nivéales s'épanouirent qui firent place à de petits bonbons praisins qui grossissaient chaque jour régulièrement.

Ce qui ne manqua pas de provoquer glose et mécontentement parmi les occupants chagrins du verger.

« As-tu vu ses olives ? Elles sont rondes comme des agates ! Et au lieu de noircir comme les nôtres, ne voilà-t-il pas qu'elles se mettent à éclaircir toutes les semaines davantage. C'est à peine croyable ! »

Mais le mirabellier avait retrouvé sa joie de vivre. Le chaud soleil estival gonflait ses chairs tendres et dodues de sucre embaumant. Une cour d'abeilles s'installa dans un creux du tronc. Elles butinaient goulûment les drupes mûres.

Un matin, un enfant vint à passer par là. Curieux et gourmand, attiré par le manège incessant des insectes, il cueillit quelques mirabelles dont il se régala sans mesure, trop occupé qu'il était à compter les minuscules points rouges qui émaillaient leur peau. Lui qui avait pour habitude de jouer de longues heures durant sous les oliviers ne posa pas même un regard sur eux. Il grimpa sur l'arbre pour se gaver de billes merveilleuses.

Une jeune fille vint à passer devant l'olivette* le midi de ce jour. Elle admira aussitôt les étonnantes cerises jaunes et charnues. En approchant, elle s'extasia devant les délicieuses taches de rousseur brodées par Phébus sur la mousseline de leur pruine et s'empressa d'en savourer quelques-unes avec délectation.

Un ancien vint à passer par là le soir de ce même jour. En apercevant le mirabellier, il s'arrêta net. Il venait de reconnaître ce prunier qu'il n'avait rencontré qu'au Moyen-Orient – alors qu'il était parti avec les conscrits du village combattre les païens – et dont il avait rapporté un scion au moulinier.

Il ne put résister à la tentation de goûter l'un des fruits ruisselants d'or. Il apprécia son nectar qui était pourtant loin de posséder la même saveur que celle de son pays d'origine.

Le pauvre mirabellier, quant à lui, ne se sentait pas bien. Dans l'euphorie du bonheur, il avait certes réussi à oublier l'hostilité de ses voisins mais après plusieurs semaines, il était encore davantage mis à l'écart par les arbres qui lui enviaient un tel succès.

Jusqu'aux papillons qui voltigeaient joyeusement dans l'orbe de son houppier ! Jusqu'aux oiseaux qu'on n'avait jamais vus dans un champ d'oliviers qui ne cessaient de se percher sur les branches du prunier que la nostalgie de l'humus natal, du climat natal et même de la langue natale ne quittait plus malgré tout l'intérêt qu'il suscitait, toute la curiosité qu'il provoquait, toute l'effervescence qu'il générait. Il redoutait effectivement un succès éphémère dont il ne pourrait supporter l'absence aux mauvais jours.

Le lendemain, un estrangiè* vint à passer par là. Il fut ébloui par le mirabellier dont les fruits étaient chaque jour plus nombreux, plus pulpeux, plus mielleux. Il voulut absolument faire la connaissance de son propriétaire. Il se rendit donc au village en quête du moulinier. Aussitôt le visiteur proposa au père Fontanille de lui acheter contre quarante magnifiques écus royaux de vermeil le généreux solitaire.

Averti par un mystérieux instinct de la peine de l'infortuné intrus face à l'inimitié des oliviers et prévenu la veille par son ami qu'il ne fournissait pas de mirabelles comparables à celles du Moyen-Orient, le maître consentit à le vendre au voyageur. L'engouement et la passion de ce viateur pour le végétal le déterminèrent davantage que les quarante écus.

À la tombée du jour, les deux hommes se rendirent donc au verger afin de déterrer celui qui restait l'implanté. Avec moult précautions, pour ne traumatiser ni les racines, ni les branches, ni les fruits.

L'arbre, peu habitué à de tels gestes d'amour et à de telles marques de sollicitude, en fut si touché qu'une perle toute de bonheur et de sève roula le long de son tronc avant de disparaître dans le sol.

Le lendemain, une magnifique touffe de lavande fleurit à l'emplacement exact où la larme du mirabellier avait coulé et pénétré la terre.

On raconte depuis que cet étranger des marches de l'Est regagna sa lointaine contrée promptement, afin de replanter l'arbre aux bonbons d'or et que celui-ci proliféra à l'aune de l'amour de son nouveau maître et de ses charmants voisins de verger, pommiers et quetschiers.

C'est ainsi que la Lorraine fut choisie pour terre d'élection par la mirabelle qui, à titre de reconnaissance pour un accueil si magnanime, ne fut pas avare de ses bienfaits, et donna à l'homme l'étrange pouvoir de commuer le fruit délicat en une myriade de gourmandises prêtes à garnir inextinguiblement sa table de fêtes de tartes et de gâteaux, de conserves et de confiseries, d'eaux-de-vie et de liqueurs.

C'est ainsi que la lavande naquit en Provence, de la larme de bonheur d'un mirabellier qui emprunta au ciel sa merveilleuse couleur.

LE TROUPEAU DE PIERRE

À la fin du XIXe siècle, près de Manosque, Gaspard est berger. Il part amoundaou*, dans la montagne, pour la transhumance. Durant une halte, au creux d'un abri, une brebis met bas. Rien que de coutumier à l'agnelage…

Mais il apprend plus tard qu'à ce moment-là – étrange coïncidence ! – sa femme a accouché d'un garçon, au village.

Enfant et agneau, nés le même jour, grandissent ensemble, dans la quiétude de la vie rurale d'antan.

Quelques années plus tard, une tempête s'abat nuitamment sur la colline, au pied de laquelle le pâtre a bâti sa maison.

Les propriétaires se voient menacés par les flots du ruisseau qui coulait jadis paisiblement, soudainement métamorphosé en torrent furieux.

Ains le bélier, désormais chef de cheptel, le jumeau du fils de Gaspard, s'élance dans l'obscurité, entraînant avec lui ses congénères en un flux bêlant, piétinant, trottinant…

Le bétail fait alors un barrage vivant à l'eau déchaînée, procurant au père affolé le délai nécessaire pour entrer en son logis et sauver in extremis son minot*.

Instinct de bêtes ou sortilège de bayle*, nul ne le saura jamais, en tout cas le petit bonhomme est sain et sauf !

Cinq décennies coulèrent placidement sur ce hameau, désormais abandonné.

Le lit de l'eau, rongé par l'érosion et peut-être également par la main du divin, semble sculpté en simulacre du troupeau.

Un promoteur vient à passer en ces parages. Il découvre le site, surnaturel, fascinant, original. Une occasion unique de créer un espace insolite !

Il lui suffira d'engloutir les maisons désertées, veuves de leurs habitants. Il ordonne de remblayer, de détourner, de creuser…

Chacun, sous le regard scrutateur et inquisiteur de l'entrepreneur, s'affaire promptement à sa tâche. Déjà un ouvrier se met à démolir les singulières statues de pierre, évocation élémentaire et étonnante de la légende du bélier.

L'entrepreneur avance, suivant le cours asséché de la rivière.

Il croit halluciner. Les figures lapidaires et tutélaires tremblent, tressaillent, trépignent. Un énorme mugissement déchire le silence pesant qui envahit le chantier.

Tous les manœuvres interloqués ont, depuis plusieurs minutes, posé leurs outils, arrêté leur machine. Ils observent attentivement la terre, les pierres, le ciel.

Un grondement sourd, lourd, se fait entendre, résonne au loin. Est-ce un séisme qui se prépare ?

Une avalanche de rocs et de cailloux dévale maintenant la vallée dans un bruit infernal. Le malheureux promoteur, ignorant la magie du lieu, est enseveli sous les galets et les rochers, veillé à jamais par l'éternel troupeau gardien de pierre.

UN AMOUR DE CALENDAL

C'est Ludovic Lègre qui, en 1861, révéla la charmante petite ville portuaire de Cassis à Frédéric Mistral. Lors d'une promenade, ils empruntèrent le sentier des bergers qui mène au mont Gibal, dont le sommet, entouré de rochers ruiniformes, prend l'aspect insolite de forteresse naturelle.

Le félibre* découvrit alors un panorama sublime, embrassant des sites magnifiques, de Toulon au massif des Calanques, de la Gardiole à la Sainte-Baume, qui lui inspira un véritable hymne en hommage à la Provence.

Cette œuvre majeure est aussi le chant d'amour d'un petit pêcheur d'anchois de Cassis à une princesse des Baux, rythmé par la doctrine, la devise, le dessein de son père : « Sois humble avec les humbles et plus fier que les fiers ! »

Une passion pure, fidèle, heureuse et partagée lie les deux personnages. Calendal incarne une jouvence vigoureuse et courageuse car c'est avec une fougue physique et morale incommensurable qu'il va entreprendre une marche forcée à travers la Provence, afin d'affronter le comte Séveran, son rival.

C'est pour couronner d'or sa bien-aimée qu'il excellera dans la capture des thons.

C'est pour composer un bouquet de noces que son bras abattra les arbres du Ventoux.

C'est pour susciter l'admiration de sa belle qu'il détruira les ruches de la Nesque.

C'est pour se repentir aux yeux de la femme adorée qu'il montera à la Sainte-Baume réconcilier les compagnons…

Au service éternel de sa dame souveraine, il triomphera du mal, des brigands et de son adversaire, grâce à l'adoption du slogan paternel.

Le poème s'achève ainsi sur une image de victoire et de gloire.

« Calendal,
pour avoir été de Provence,
L'homme le plus vaillant, de Vence à Arles,
Devint prince de la Jeunesse,
Possesseur d'Estérelle et consul de Cassis. »

Un prétendant prêt à pourfendre tout contre tous, quelle aubaine !

Aujourd'hui, la statue, toute de pierre du pays taillée, sculptée de la main de l'homme et estampillée par Neptune de myriades de coquillages, effigie du célèbre héros cassiden pêcheur d'anchois, trône à une place d'honneur et de choix sur le port, au bout de la jetée.

Il faut s'en venir l'admirer, car le poète l'a dit :

« Qu'a vist Paris…
Se noun a vist Cassis,
Pou dire : n'ai rèn vist*. »

PIERRE ET MAGUELONE

Quand on évoque en Provence un amour exemplaire, extraordinaire, débonnaire, on pense immédiatement à celui qui unit Pierre et Maguelone. Un lien si fort, si durable, qu'il survécut aux pires péripéties.

Du temps que Jean de Provence régnait sur ses terres de la seigneurie de Cavaillon, il faisait bon vivre dans la vallée de la Durance. Fuyant les peurs ancestrales qui se cristallisaient sur l'approche du nouveau millénaire, les guerres qui opposaient les vassaux du voisinage à leur vaurien de suzerain, peu souverain, la cour prenait ses aises.

Jean et son épouse, fille du comte de Barcelone, veillaient sereinement à l'éducation de leur fils, devenu l'icône du chevalier idéal, maniant le glaive, jouant de la musique, composant des vers. En outre, le jeune homme cultivait une passion dévorante à laquelle l'avait initié un ami, l'astronomie. Et ses nuits se passaient à observer sagement le ciel.

Un jour que des marchands napolitains avaient accosté à Aigues-Mortes et remonté le Rhône pour visiter cette cour accueillante, Pierre s'était émerveillé à l'audition de leurs récits fabuleux et laissé bercer par le romantisme qui l'animait. Il avait écouté attentivement la relation de la naissance d'une princesse, à l'heure même où Vénus se levait.

Il s'était souvenu d'un détail primordial. La mère de la jeune fille, reine de Naples, avait tenu à appeler le bébé Maguelone, du nom local de l'étoile du berger qui avait conduit les Mages jusqu'à Bethléem.

Patiemment, tous les soirs, il gagnait l'observatoire, aménagé dans une tour du corps de logis, et guettait le mouvement des astres. Il souhaitait bizarrement admirer la rencontre de Vénus et de Saturne.

« Ce n'est pas possible en ce moment ! Saturne ne rejoint Vénus qu'une fois tous les sept ans. Il va vous falloir choisir une autre planète à étudier », lui opposa le savant.

Mais Pierre ne l'entendait pas de cette oreille. Il lui était impossible de se concentrer sur un autre objet. Lui, si souriant, si avenant, devint d'humeur chagrine, presque mesquine.

Une vêprée, n'y tenant plus, il sella sa monture, endossa sa plus belle vêture, la recouvrit de son armure, puis partit avec sa bourse pour seul bagage.

Il chevaucha jours et nuits, sans répit, prêt à franchir tous les fleuves, tous les fossés et toutes les falaises, jusqu'à son arrivée à Naples.

Il caracola par les plaines désertes, escalada les montagnes neigeuses, traversa les rivières tumultueuses, pour arriver vers des terres brûlées… des collines fumantes, un volcan qui annonçaient la perle napolitaine !

Mais, au bout du chemin, se profilait Maguelone, et cette pensée lui donnait des ailes…

La ville était en effervescence, à la veille d'une fête fastueuse qui verrait l'organisation de moult combats où s'affronteraient les meilleures lames du royaume et d'au-delà.

Et les vainqueurs seraient récompensés des mains mêmes de la belle Maguelone.

Pour le dernier tournoi, le bretteur, déjà victorieux des précédentes épreuves, cherchait un adversaire à sa taille.

Pierre s'avança et commença à jouter. L'assistance se demandait quel était ce damoiseau qui affrontait courageusement le redoutable combattant venu de Bohême.

Les deux hommes luttèrent longtemps sous un soleil de plomb. La foule, admirative, retenait son souffle. Mais Pierre se sentait si léger, si adroit, si chanceux, qu'il finit par faire tomber à terre son rival.

Plus courtois que ne l'exigeait la coutume, il lui rendit son arme et l'aida à se relever. Ce geste de noblesse lui attacha d'emblée la sympathie des spectateurs.

C'est ainsi qu'il apparut pour la première fois à Maguelone, en vainqueur conquérant, coruscant et clément. Un moment mémorable, déterminant, irréversible. Lorsque leurs yeux se croisèrent – ainsi qu'il était écrit dans les astres – leurs cœurs s'embrasèrent !

La suprême récompense ne se fit pas attendre. La princesse, intriguée par ce bel inconnu, dont elle ne connaissait ni le nom, ni l'origine, ni l'histoire, lui envoya sa servante.

« Ma maîtresse souhaiterait vous voir porter ses couleurs lors du prochain combat. Cependant, si vous acceptez, vous ne pourrez plus longtemps taire votre lignée…

– Dis-lui que je suis en provenance de la province de Provence et remets-lui cet anneau en signe de ma foi ! »

Sensible à ce témoignage, Maguelone attacha le bijou à une chaîne d'or et le passa autour de son cou. La nourrice remplit ses bons offices et s'empressa de porter les messages secrets et exaltés à chaque féal enflammé.

Dès lors, les jeunes gens, frappés par la foudre de l'amour et de l'étoile du berger, ne songèrent plus qu'à créer des ponts pour communiquer et mutiner, qu'à multiplier les occasions de se rencontrer, qu'à s'avouer leurs sentiments.

Mais la cour s'inquiétait de la présence appuyée, auprès du roi, de ce chevalier qui défendait farouchement son incognito et paraissait être en mesure de gagner bientôt les faveurs de l'héritière de la couronne.

Certains le traitaient d'aventurier, d'autres le considéraient comme présomptueux et vaniteux, d'aucuns le croyaient hypocrite et cupide. Et tous s'employaient à déployer des stratégies machiavéliques pour le mettre en situation d'échec.

Ainsi intrigues, insultes, injures, inquiétantes et intempestives, se multiplièrent-elles pour inciter l'inconnu à fuir loin de la péninsule, par-delà les Alpes.

Le paladin se souvient adonques de ses parents qui doivent s'inquiéter de son sort. Il était parti précipitamment, nuitamment, clandestinement. Il se languit de son pays aussi.

Sa décision est prise : il va s'en retourner en son château. Il lui faut dès à présent en avertir Maguelone. Comment va-t-elle réagir ?

Il se rend au rendez-vous le cœur lourd, si attristé de devoir abandonner sa bien-aimée pour plusieurs mois, quelques années peut-être !

Mais la princesse se fait aussitôt complice, avec délices et… malice, entrevoyant les blandices d'une fuite effrénée, enlevée par son soupirant ! Elle s'enthousiasme et se répand en baisers et caresses et mots doux qui rassurent notre homme. Il la quitte rapidement, soulagé, pressé de préparer les palefrois et de rassembler une garde sûre et solide.

L'obscurité les trouve réunis dans les jardins ténébreux du palais, où l'eau des fontaines murmure une mélodie cristalline, où la lune se reflète en cascade dans les bassins de marbre, où les arbustes fleuris embaument l'air encore tiède.

Les amoureux, tout à leur aventure, se serrent fébrilement l'un contre l'autre, attendant leur escorte.

Pierre est ému. Maguelone porte, autour du col, la bague sertie d'ambre, de grenat et de jade, remise à sa domestique. Elle lui sourit, heureuse qu'il ait choisi de l'emmener à ses côtés. Un éclat particulier, singulier dans ses prunelles qui brillent, telle l'étoile qu'il avait pour habitude de contempler jadis, de la tour de son savant compagnon.

Longtemps, la petite troupe battit la campagne au fer de ses montures, infatigable, inlassable, inséparable. Enfin, les voyageurs marquèrent une halte lorsqu'ils parvinrent au bord de la mer.

Maguelone, épuisée, ne tarda pas à s'endormir sur le rivage, bercée par le clapotis des vagues et le gazouillis de son amant.

Mais une ombre s'abattit subitement sur ce tableau bucolique. D'un coup d'aile noire, un corbeau, posé sur un grenadier proche, quitta soudain ce perchoir, piqueté de fleurs orangées, pour frôler le visage de la jeune fille et, sans doute tenté par le chatoiement du bijou, se jeta sur le pendentif et l'arracha d'un violent coup de bec.

Pierre, qui avait suivi la scène pétrifié, s'empressa de confectionner un coussin de branches de pins, de myrtes* et de cistes*, afin d'y déposer délicatement la tête de sa promise, ainsi qu'une fronde pour tenter de freiner l'oiseau dans sa course et récupérer l'anneau d'amour.

Certes, le chevalier parvint à toucher la cible volante mais le volatile, blessé, tomba au fond d'une lame. Il s'empara alors d'une barque amarrée à proximité, et se mit à ramer. Le caïque, massif et lourd, n'avançait guère tandis que la bestiole en habit de jais dérivait vers le large.

Pierre était si préoccupé par la perte du jonc qu'il ne remarqua pas que les courants, capricieux, l'éloignaient de la plage.

Il atteignit bientôt un îlot pâlot, au sable décoloré. Il se réjouissait de se rapprocher du freux effronté quand des pirates, cachés au creux d'une crique, fondirent sur son embarcation.

Ils capturèrent l'étrange matelot, au pourpoint rebrodé d'or, mais n'osèrent le détrousser, tel un vulgaire magot. Il n'était point armé et paraissait si triste. Ils décidèrent donc de le ramener à Tunis et de l'offrir au sultan.

Le dignitaire musulman eut tôt fait de comprendre qu'il avait affaire à un seigneur. Il tenta bien, en vain, de lui arracher des informations sur sa famille car il escomptait en tirer une rançon mais, devant le silence obstiné du captif, il résolut de changer de stratégie. Il est vrai qu'il apprécia considérablement la dignité de son attitude.

Admirant son courage et sa maîtrise, il lui proposa d'intégrer son armée. Pierre accepta sur-le-champ, à la seule condition qu'il n'ait pas à guerroyer contre les chrétiens.

Mais son hôte comptait moult ennemis parmi les Infidèles et c'en était déjà assez pour occuper le preux estrangiè*.

Sa renommée ne tarda pas à faire le tour de la *Mare Nostrum* et l'on s'interrogeait sur l'histoire de ce soldat catholique, au service du sultan, qui concourait largement à tenir ses adversaires en respect.

Ses bons et loyaux services lui valurent d'être comblé de cadeaux. Mais, malgré la gloire et les honneurs, le chef suprême des osts ottomanes était en proie aux affres de la mélancolie. Il ne songeait qu'à sa bien-aimée et pas une des jeunes femmes des dynasties princières alentour n'avait pu émouvoir son cœur.

Le potentat, craignant de ne pouvoir retenir plus longtemps son ami, manda ses émissaires aux quatre côtes de la Méditerranée pour y dénicher quelque sirène qui ressemblât à Maguelone. Les messagers revinrent, accompagnés d'une myriade de houris vérécondieuses à la bouche rubiconde, à la hanche ronde, à la chevelure blonde.

Pierre avait pourtant marqué une nette hésitation devant une des étrangères qui possédait une ressemblance frappante avec sa belle. Mais il ne consentit aucunement à l'approcher. Au contraire, il se retira dans sa demeure pour n'en plus sortir. Le sultan s'en offusqua, prenant le refus pour une offense.

« Est-il possible que cet esclave se comporte comme un tyran ? Qu'on l'emprisonne dans une geôle du palais et qu'il n'en ressorte jamais ! »

La rumeur s'empara illico du différend. Le déforma, l'amplifia… On sut le monarque musulman affaibli, on le crut anéanti.

Et d'aucuns désapprouvèrent le châtiment – la gorge tranchée au fil du yatagan – imposé à la malheureuse beauté qui n'avait su séduire le chevalier, faute d'une étincelle d'étoile dans le regard.

Les opposants jurés du despote se formèrent en rangs serrés et se préparèrent à donner l'assaut à la forteresse. Sentant le danger se profiler au pied des remparts, le sultan délivra son prisonnier et le pria de l'assister :

« Si tu parviens à mâter ces rebelles, je te rendrai purement et définitivement ta liberté, dussé-je m'en retrouver attristé, privé de ton amitié… »

Le soir même, l'insurrection était brisée. Le souverain, raffermi sur son trône, laissa son général embarquer sur un navire en partance pour le Nord.

Quant à Maguelone, célibataire involontaire, abandonnée sur son coin de plage, elle n'avait dormi qu'une poignée d'instants. Ne sentant plus le bras de Pierre autour de son épaule, elle s'était réveillée. D'abord surprise de ne point voir son amoureux, ensuite inquiète. Où était donc celui qu'elle affectionnait tant ?

À leur tour, les gardes avaient ouvert une paupière, s'étaient étonnés de l'absence du fiancé et mis en quête de soutirer, à d'éventuels témoins de son départ, un quelconque renseignement, sans succès. Avaient constaté que la grève était souillée d'un sillon, comme la trace d'une quille qu'on aurait tirée…

La princesse, de plus en plus soucieuse, détaille l'horizon. Elle y discerne bien une barcasse là-bas, tout au loin, près d'une poussière d'archipels mais elle ne distingue que la silhouette d'un pêcheur, assis à pagayer. Et puis, la réverbération de la lumière sur l'eau est si forte qu'elle l'éblouit. Elle ne distingue plus rien… Le temps se veut calme, la mer plate.

L'angoisse noue désormais l'estomac de Maguelone. Elle ne croit plus au badinage, au fleuretage, au mutinage.

Elle repense à l'embarcation aperçue dans l'après-midi. Mais il ne pouvait s'agir de Pierre. Que serait-il allé faire sur cette barque ?

Elle reste sur le rivage, immobile, muette, insensible à la faim, à la soif, à la chaleur, aux heures qui passent. Insensible à la vie qui l'entoure, insensible à l'agitation qui s'empare de la troupe des hommes de Pierre. Ceux-ci, apeurés, s'enfuient, de crainte du courroux du souverain napolitain.

Maguelone reste ainsi figée, plongée dans une torpeur insondable. La nuit la surprend en plein délire et des pèlerins siciliens la découvrent, inanimée sur le sable. Ils la portent jusqu'à un hôpital de Rome qui passe pour soigner les pérégrins épuisés.

On œuvrera pour sa guérison, on la choiera, on la réconfortera. Mais la pauvre promise reste affligée. Afin de remercier les religieuses qui lui ont manifesté beaucoup de sollicitude, elle séjournera six années durant dans cet hospice, à prodiguer des soins affectueux et dévoués aux malades.

La supérieure de l'établissement avait formulé à cette époque le vœu de fonder une maison sœur, en Provence, sur l'itinéraire de pèlerinage. Comme elle avait remarqué la compétence et le dévouement de Maguelone – qui n'avait cependant pas renoncé à la vie du monde – elle lui avait proposé de diriger cette institution. La princesse anonyme, bien que stupéfaite, avait accepté cette offre qui l'autorisait à s'éloigner davantage de sa région natale – elle redoutait souvent qu'on la reconnaisse – et de découvrir celle de Pierre, car elle n'avait jamais abandonné l'espoir irréfragable de retrouver un jour l'élu de son cœur.

C'était avec empressement qu'elle avait quitté le quai pour rejoindre le bateau qui devait quitter Ostie pour Aigues-Mortes. En accostant en Provence, elle permettrait la réalisation, certes partielle, mais tout de même effective, du rêve caressé en compagnie de son prétendant, quand ils étaient encore à s'étourdir de serments, dans les couloirs du palais de ses parents, à Naples.

La diligente directrice exigea que l'hospice soit placé sous le vocable de saint Pierre, et ainsi fut fait. La renommée de sa vénusté, de sa beauté et de sa bonté ne tarda pas à illuminer toute la contrée et bientôt nul n'ignora, jusqu'aux villages les plus reculés, les paysages les plus isolés, les rivages les plus désertés, combien était vertueuse la nouvelle arrivée.

L'épouse de Jean de Provence, qui se consacrait amplement aux mendiants et aux souffrants depuis la disparition de son fils, éprouva le désir de rencontrer celle qui brillait d'un tel charisme.

Maguelone, émue de cette admiration témoignée par celle qui aurait dû être sa seconde maman, éclata en sanglots lorsque la dame la prit dans ses bras. Elle lui expliqua alors les circonstances qui avaient préludé à l'éclipse de son enfant, astronome averti.

Elles se confondirent en effusions, se répandirent en confidences.

Puis la comtesse, ravie de compter en cette amie celle qu'a chérie son cher descendant, l'invite à lui rendre visite en son château de Cavaillon. Elle convoque ensuite ses gens afin de s'en retourner à la cour, mais la princesse la prie de n'en rien faire.

La tempête sévit sur la Méditerranée et il se peut que, dans les minutes qui suivent, le mauvais temps gagne les terres et ravage les rives du Rhône.

La jeune hôtesse convie la mère de Pierre à dîner avec elle, et toutes deux se retirent dans les appartements de l'hôpital pour converser et, surtout, pour évoquer le personnage qui reste le centre de leur existence.

Les serviteurs s'affairent à préparer la table du repas, présentant à la commensale de Maguelone une aiguière d'eau parfumée – aux épices et aux herbes – pour se rafraîchir les mains.

Soudain, le cuisinier demande à être reçu par la supérieure.

« Pardonnez-moi de vous déranger, madame. Mais un fait bien étrange vient de troubler mon second. Il était en train de découper un turbot, apporté par un pêcheur que vous avez soigné il y a quelque temps, lorsqu'il sentit la lame heurter un objet de petite taille. Il entreprend de le vider et voici ce qu'il trouve alors dans ses entrailles : un anneau, une bague sertie d'ambre, de grenat et de jade ! »

Les deux femmes blêmirent en reconnaissant le bijou de Pierre. Si l'épouse de Jean de Provence lut dans cet avatar la mort en mer de son fils, la fiancée du féal provençal y vit un signe du probable et prochain retour de son prétendant. Elle se réjouit de ce moment qu'elle attendait placidement depuis sept ans.

Cette dernière exprima instantanément la volonté de rencontrer l'auteur du présent. Elle se doutait bien que l'homme serait dans l'impossibilité de lui expliquer à quel endroit précis le poisson avait été pris, mais elle brûlait néanmoins d'impatience de l'interroger.

Maguelone se transporta jusqu'à Aigues-Mortes et se porta à la recherche du marin. Elle apprit rapidement que le brave Camarguais avait secouru, le matin même, un équipage en difficulté. Les matelots avaient été acheminés à Saint-Pierre où l'on continuait à leur administrer des traitements de choc, notamment à leur capitaine, fort mal en point, blessé à la tête par la chute d'une vergue, et recueilli sans connaissance.

La voyageuse se vit confirmer l'évacuation du blessé et son admission à l'hôpital, avant de reprendre la direction de sa maison. Elle y retrouva la comtesse reposée, à laquelle elle fit ses adieux. Et lui promit de la revoir dans les meilleurs délais. Ensuite, elle se dirigea vers l'infirmerie où une sœur préparait les pansements, l'assaillit de questions puis pénétra dans la chambre où dormait le patient.

Pris d'une forte fièvre, enduit d'onguents à base de vin blanc et de plantes, le capitaine, endêvé, multipliait les questions à une nonne désemparée :

« Où suis-je ?

– En Provence, dans un hôpital… »

Le curieux s'agita davantage à l'audition de ces seuls mots. À la parfin, ému, énervé, épuisé par les nouvelles apprises, il retomba dans un profond sommeil.

L'abbesse, immobilisée sur le seuil, malgré la pénombre, reconnut le visage de Pierre, un véritable *ecce homo*… Sa silhouette, autrefois svelte et musclée, était tout amaigrie…

Elle s'approcha du lit, lui susurra :

« Pierre, ne t'inquiète plus, je suis là, auprès de toi. Nous voilà de nouveau ensemble. »

Le chevalier ouvrit alors les yeux, attiré par la voix mélodieuse qui le rassurait, lui affirmait qu'il ne rêvait pas. Peu à peu, il distingua les traits de Maguelone, sa longue chevelure qu'elle venait de libérer de son voile gris et de sa cornette et, surtout, ses yeux à l'éclat inimitable, cette étincelle stellaire extraordinaire.

Ainsi les deux amants, l'homme tourné vers Saturne, et la princesse placée sous le signe de Vénus, étaient-ils réunis après une longue séparation de sept années, confirmant la prédiction de l'ami, astronome-astrologue averti !

LA RÉSURRECTION DU CLERC

Saint Hilaire, évêque d'Arles, fut une des grandes figures tutélaires de la cité fondée par l'empereur Auguste. La légende raconte qu'il aurait demandé aux chrétiens de détruire le théâtre antique parce que celui-ci symbolisait le paganisme.

Ce lieu, magique, cristallisait toutes les haines en tant que scène de passions répréhensibles, en qualité de sanctuaire profane délictueux, en guise de coulisses hantées par les divers désirs, délires et déviances des démons…

La pratique des cultes païens était déjà interdite, en Arles, depuis la fin du IVe siècle, et c'est au courant du Ve qu'il aurait prié la communauté sous son pouvoir de démolir ce monument hautement éminent.

La tradition relate que, lors de cette campagne de démantèlement, religieusement orchestrée, un clerc méthodique, énergique et fanatique, alors en pleine action, occupé à basculer les fûts des colonnes cannelées, les chapiteaux corinthiens sommairement sculptés et les métopes d'un marbre magnifiquement veiné, s'était retrouvé écrasé par un énorme bloc arraché au proscenium.

Hilaire, qui observait d'un œil vigilant la progression des opérations, serait allé soulager et soulever cet homme dévoué, appliqué à exécuter, certes frénétiquement ains scrupuleusement, une mission d'origine divine.

C'est ainsi que, dans le même instant, le clerc magnanime subit le martyre et connut la résurrection !

LES NOCES DE JEANNET

L'histoire se passe en Camargue, près de l'étang de Vaccarès où, derrière les rideaux de roseaux, se cachent et nichent foulques et flamants, hérons et faucons.

Jeannet, garçon sans grande malice, vivait au Sambuc, où il était aimé de tous, parce que doux, débonnaire, docile.

Par un beau matin d'été, le jouvenceau pria sa mère de lui donner une fève. Quelle étrange demande !

Pourtant, aussi incroyable que cela puisse paraître, c'est avec cette seule graine qu'il allait faire fortune…

Bien sûr, les paysans des alentours, habitués aux idées plutôt bizarres du bedigas*, ne prêtaient guère attention à ce qu'il racontait.

Ainsi les manadiers* du voisinage ne se formalisèrent-ils pas lorsqu'un soir, sur le seuil de leur grange, le simplet sollicita l'hospitalité, pour lui mais également pour sa fève, qu'il souhaitait voir dormir avec les poules.

Le lendemain, au déjuc, le légume avait bel et bien disparu de la basse-cour. En guise de consolation – le préjudice était grave ! – le niais exigea du fermier une geline.

L'homme, courroucé, céda, de guerre lasse, aux imprécations et voilà notre nigaud – mais pas tant que ça ! – le gallinacé sous le bras, reparti sur les quatre chemins… et autres enganes* !

Le benêt n'hésita pas à renouveler l'opération et, cette fois, le volatile coucha avec les cochons d'un autre mas*.

Évidemment la bestiole fut dévorée par les locataires de la porcherie et Jeannet reçut en échange un magnifique pouerc*.

La nuit suivante, le rose bestiau fut à son tour malmené par des taureaux et le damoiseau partit avec un superbe biòu*.

Jeannet arriva bientôt, tout fier, aux portes d'Arles, en compagnie de son noble et puissant animal, en pleine feria*. Il décida alors de troquer sa belle bête d'ébène contre un cheval. Ce cavaou* se montra si mauvais dans les arènes que le jeune homme réussit à convaincre son ex-propriétaire de lui donner sa fille en mariage, à titre de compensation !

Et c'est de cette façon que Jeannet le simplet épousa la belle et riche Magali !

« A fach soun calot* ! » s'esclaffèrent les anciens de sa bourgade.

LE GANT
DE CÉSAIRE

Césaire fut une grande figure épiscopale de l'église d'Arles, au VIe siècle.

En ce temps-là, dans la région de Nyons, régnait un air à proprement parler pestilentiel. La contrée était pourtant fort belle et ses habitants auraient pu jouir pleinement de sols fertiles, d'un soleil volubile, de solides ouvriers très habiles.

Mais le climat restait hostile et tout était stérile. La population se lamentait chaque jour davantage. Impossible d'entreprendre une quelconque action. Elle virait aussitôt à la putréfaction !

Cette atmosphère irrespirable, insupportable ôtait aux autochtones toute joie de vivre, les privait de toute envie de travailler, de s'amuser, de bouger. Ils restaient constamment cloîtrés, prostrés, apeurés, au fond de leur logis.

« Bientôt, nous serons tous malades… geignait une pauvre vieille. Pas moyen de poser la nourriture quelques instants sur la table, elle commence à pourrir sur-le-champ. J'ai ouvert un pot de confiture ce matin et elle est déjà toute chancie dès aujourd'hui !

– Qu'allons-nous devenir ? Tous ces miasmes qui se promènent partout peuvent nous empoisonner à chaque moment… prédit sa voisine.

– J'ai encore mis un cierge à la chapelle hier au soir… confia le mari de sa fille.

– Et si nous allions supplier Césaire, notre évêque, d'intervenir en notre faveur ? suggéra son épouse. Il pourrait certainement nous aider. Partout on raconte ses miracles. Il se joindra assurément à nos prières ! »

Césaire, dont c'était la juridiction, n'avait pas manqué d'enregistrer force plaintes à ce propos, si bien qu'il avait décidé d'agir et de prêter main-forte aux chrétiens découragés, dépités, désemparés.

La procession qu'il vit arriver, un beau matin, dans la cité d'Auguste, acheva de le convaincre. Les pèlerins, en grand équipage, portés par les chants et l'encens, sous la férule de leur brave curé, réclamaient avec véhémence la clémence du bon Dieu et sollicitaient l'influence de son digne serviteur au bonnet violet.

Par une aube ardente, Césaire quitta Arles pour se rendre en bord de mer. Là, il tendit les bras vers le large et débrida son gant pour que la brise marine s'engouffre dedans.

Puis il partit, sans apparat, pour la petite ville de Nyons…

Quand le gant épiscopal, tout gonflé telle une baudruche, s'est ouvert par-dessus la colline, toute la vallée a été instantanément purifiée, ventilée par un souffle souverain, un soupir souple et soumis, prompt à sourire à ces malheureux qui l'attendaient impatiemment, à les soustraire aux affres de l'insalubrité, à les soulager des souffrances endurées.

Dès lors, les gens du pays ont pu respirer normalement, et bénéficier des bienfaits du pontias, ce vent vital venu de la Méditerranée, grâce aux bons offices d'un évêque bienveillant.

LE PONT D'AVIGNON

Du fleuve capricieux, fougueux, tumultueux, qui fait delta en sauvage et mystérieuse Camargue, chacun garde le souvenir de narrations teintées du sceau du malheur. Le Rhône, qui gonfle épisodiquement ses flots de la fonte des neiges alpines réchauffées par les premiers rais d'avril, se fâche alors et se rue et rugit au fond de son lit tel un monstre amphibie, surprend les hommes imprudents venus qui pêcher qui flâner...

Détruisant tout sur son passage, inondant les terres riveraines, arrachant les arbres débonnaires, retournant les bateaux rudimentaires mais téméraires.

Certes, il restait parfois véhément lorsqu'il traversait la bonne ville papale, mais ce n'était pas là l'unique raison qui empêchait depuis des siècles et des siècles la construction d'un pont qui franchirait son cours pour mener les Avignonnais à Villeneuve.

Il faut vous dire que le diable en personne n'était pas étranger à ces échecs successifs qui s'était maintes fois employé à renverser, la rage aux cornes, la bave aux crocs, les premières arches difficultueusement hissées.

Même les puissants de ce monde qui s'observaient, se jalousaient, se toisaient d'une berge à l'autre, le pontife sur le flanc gauche et le roi sur le droit n'avaient pu mener l'opération à bien.

Alors Dieu courroucé de ce jeu dangereux décida de s'en mêler et trancha. Il héla un de ses anges qu'il pria de s'en aller en Vivarais quérir un pastoureau, petit personnage propre à parfaire un prodige qui en remontrerait aux grands ennemis.

Le messager céleste arriva rapidement près de Villars, y trouva Bénezet occupé à garder tranquillement son cheptel. De temps à autre, l'enfant surveillait d'un œil scrutateur le ciel qui s'empanachait de nuées immaculées qu'un vent intermittent et impertinent chassait derrière les cimes des collines.

Quelle ne fut pas la surprise du jeune pâtre de voir tout à coup surgir d'entre deux épaisses franges de frondaisons un angelot aux joues mafflues et aux boucles touffues !

« Sois sans crainte, Bénezet. Je viens en ami.

– Mais je n'ai pas peur, lui assura l'adolescent. Il n'y a que les loups pour m'effrayer et l'orage qui risque de disperser mon troupeau. Si d'aventure mes moutons sont effrayés par le tonnerre ou les éclairs et se précipitent dans toutes les directions, je suis sûr de perdre quelques bêtes et cela me coûte généralement une claque bien sonore de ma mère. Mais vous, que me voulez-vous ? Vous avez l'air si innocent ! »

La naïveté de son interlocuteur, si disert, agaça un tantinet le serviteur ailé et il entreprit de lui démontrer l'importance de sa mission et l'étendue de son pouvoir.

D'un seul soupir, il s'amusa à simuler une éclipse qui voila la face de Phébus, affola sur-le-champ les brebis et leur maître. Puis il remit au soleil ses rayons, au vent son frémissement et aussitôt tout reprit sa place. Le chien au pelage hirsute et au ramage résolument rocailleux rassembla les brebis éparpillées.

« Bénezet, je t'annonce que le Seigneur souhaite te confier une tâche importante. Il t'enjoint de descendre le Rhône jusqu'en Avignon et là de bâtir un passage entre papauté et royauté. »

Le jeune homme, du haut des quinze années qu'il avait tout juste prises, interdit, lui répondit :

« Mais, cher ange, qu'en sera-t-il de mes moutons ? Je ne puis abandonner ainsi mes bêtes et je ne sais pas où se trouve ce village d'Avignon dont vous me parlez. Comment pourrais-je m'y rendre ? En outre, je ne me suis jamais essayé à poser plus de deux pierres l'une sur l'autre, même pas pour rétablir un muret de pâture ! »

L'ange compatit et combattit les craintes de Bénezet d'un coup de pied sur le sol d'où jaillirent instantanément des étincelles et un arc-en-ciel ! Voilà notre berger, émerveillé devant un tel prodige, soudain très réticent.

« Ne t'inquiète pas. Les animaux se garderont seuls, sous la vigilance du Très-Haut. Et pour gagner Avignon, tu n'auras qu'à me suivre. Visible de toi uniquement, je longerai la berge. »

Bénezet restait muet. Penaud, perplexe, peureux.

« Douterais-tu de ma parole ? N'oublie pas la foi de Gaspard, Melchior et Balthazar, venus d'Orient jusqu'à Bethléem, qui se sont laissés conduire par une étoile pour louer l'enfantelet et l'honorer de leurs présents.

– Bon, je prends mon bâton. Vous êtes sûr que le troupeau ne posera pas problème à ma mère ?

– Certain, ne te soucie de rien ! »

Le pastre* saisit sa cape, au cas où le climat avignonnais viendrait à se gâter. Le pauvre ne possédait aucune notion de la géographie provençale. Il talonnerait docilement son guide au long du parcours qui les mènerait jusqu'au fleuve…

Il se réjouissait de se penser privilégié, se félicitait d'apercevoir l'ange le précéder d'un train alerte. Ange ravi de remplir radicalement sa routinière mission.

Les deux protagonistes arrivèrent bientôt au bord du Rhône qu'ils suivirent, l'un voletant, l'autre trottinant sur le chemin de halage. Les compagnons contents, complices, appréciaient la sérénité qui les entourait. Ils savouraient ces instants précieux qui, privés du poids pesant sur la finitude du monde terrestre, libérés des contraires inhérentes à l'humaine condition contingente, les dispensaient de ces sensations souvent asservissantes que sont la faim, la fatigue, le sommeil, la soif… Un état proche du bonheur !

Enfin, se profila au loin la ville espérée. Avignon, toute d'or et d'argent poudrée, rutilait dans son écrin de remparts crénelés. Clochers et flèches pointaient leurs toits de campaniles en fer forgé et de tuiles ocrées sur lesquels le soleil dès son réveil dardait ses rais vermeils. Fasciné par tant de beauté, Bénezet ne dit mot. Il contemplait le spectacle.

S'il était aux anges, il ne distinguait plus le sien qui semblait s'être évanoui dans la nature. Cherchant le séraphin, il aperçut un passeur qui de sa barque l'apostrophait.

« Dis-moi, petit, veux-tu gagner l'autre rive ?

– Pour sûr, monsieur !

– Paie-moi d'abord ! » exigea le nautonier quand il remarqua le manteau ravaudé du client qui s'approchait précautionneusement.

L'impécunieux viateur eut beau retourner ses poches dans tous les sens, il ne trouva que trois pièces pour rémunérer le cupide propriétaire de la barque.

« Quel toupet tout de même ! Vouloir voyager quand on ne possède pas le sou… »

Il accepta cependant la maigre manne et embarqua le berger confus mais silencieux. Celui-ci ne voulait point révéler à l'homme les raisons de son déplacement. Le nocher plongea les rames au sein de l'eau frissonnante dans un claquement effrayant, qui fit décoller, à quelques encablures, un canard colvert au plumage brillant. Bénezet admirait le paysage baigné d'une brume rose, dernière empreinte du passage de son confidentiel allié.

Le garçon rêvait, souhaitant secrètement que la traversée ne s'interrompe jamais. Et que le charme ne se rompe…

Mais le marin rhodanien ne l'entendait pas ainsi. Aussitôt la rive opposée atteinte, il bouscula Bénezet et l'invectiva. Puis s'esquiva en haussant les épaules. Le gamin, sans marquer la moindre hésitation, emprunta la direction de l'évêché. Peut-être était-il encore inspiré par son imperceptible gardien !

Arrivé au centre d'Avignon, le campagnard ouvrit des yeux éberlués. La ville était remplie de gentes dames et de beaux messieurs en habits de soierie, de brocard, de velours. Jamais l'adolescent n'avait vu pareille effervescence, une telle opulence !

Les devantures des boutiques regorgeaient de marchandises tout aussi précieuses et mystérieuses les unes que les autres. Sacs d'épices, coffrets d'orfèvrerie et éventails de dentelle, de broderie et ruban, plateaux d'herbes aromatiques, boîtes de confiseries au miel et aux amandes et meules de fromages se disputaient l'espace dévolu aux saveurs et splendeurs de la table et à l'art de vivre.

Parvenu au palais épiscopal, Bénezet ne fut pas au bout de ses peines. Les gardes, surpris par la pitoyable vêture du pâtre, ne purent que s'esclaffer devant une demande qui avait l'allure d'une obscure imposture.

« As-tu vu ta tenue ? Crois-tu qu'il est possible, et correct surtout, de demander audience au pontife quand on est affublé comme tu l'es ?

– Tu as de la chance, lui répondit le second. Notre évêque est en ce moment même en train de prêcher à la cathédrale. Si tu veux, tu peux y entrer… mais fais-toi discret, écoute-le du fond de la nef ! »

Le berger s'introduisit dans le sanctuaire à pas de loup. Il sentait peser sur lui les regards condescendants du troupeau des ouailles auquel le bon pasteur s'adressait avec véhémence :

« Vous n'êtes mes frères que des fesse-mathieux ! Seule l'usure vous intéresse, la cupidité vous anime continuellement ! Si encore vous partagiez cet argent que vous convoitez inlassablement avec ces pauvres bougres de l'autre rive, mais non, il vous en faut chaque jour davantage ! Méfiez-vous car la vengeance du ciel ne saurait tarder ! Alors vous verrez le Rhône en crue déborder de son lit pour recouvrir la cité et engloutir tous ces ors, ornements et oripeaux ! Et punir les marchands d'orviétan qui se glissent parmi vous… » poursuivait le prélat sur un ton péremptoire qui n'admettait pas la réplique.

Bénezet, d'abord muet, l'interrompit de sa voix fluette :

« Justement, Monseigneur, me voilà venu jusqu'ici afin d'échafauder un pont sur le fleuve… »

L'assistance, initialement médusée, fut ensuite secouée d'un fou rire irrépressible. Bientôt le pape leur emboîta le pas, se tenant les côtes, ne parvenant pas à réprimer hoquets et gloussements. Il recouvra son calme après quelques instants qui parurent une éternité à Bénezet.

« As-tu seulement conscience de ta taille et de ta fragilité ? Tu es si maigrelet que tu flottes dans tes vêtements. Je ne sais pas si tu serais capable de porter ne serait-ce que trois galets ! Va plutôt interroger le prévôt ! Il pourra éventuellement te venir en aide… »

Ravi, le jeune homme tourna les talons et sortit de l'église sous les moqueries, les railleries et les effronteries des fidèles. Il se dépêcha d'aller trouver l'interlocuteur idoine qui accorderait foi à ses dires. Le patron des marchands, quand il l'eut auditionné, éclata à son tour d'un rire sonore :

« Un gringalet comme toi qui veut construire un pont sur le Rhône ! On aura décidément tout entendu ! Suis-moi donc jusqu'à mon palais… Nous verrons bien de quoi tu es capable ! »

La foule des flâneurs, faraude, finaude, fila frénétiquement le freluquet, qui suivait docilement le chef des négociants. Puis, arrivé dans la cour du bâtiment, le notable désigna du doigt au pastoureau une énorme pierre calcaire que personne jusqu'alors n'était parvenu à soulever.

Elle gisait là, sous les croisées du logis abbatial, parce qu'aucun des maçons n'avait réussi à la dégager. Après les travaux, lorsque le prévôt courroucé avait exigé qu'on la retire sur-le-champ, une trentaine d'hommes, rustauds et costauds, s'étaient risqués à tenter la prouesse. Hélas ! ils n'avaient pas même réussi à l'ébranler !

« Si tu arrives mon garçon à déplacer ce bloc, je te donnerai une équipe de mes meilleurs tailleurs et une bourse en sus… »

Bénezet s'approcha paisiblement, lentement, du colossal monolithe. Quand il esquissa un premier geste afin de s'en saisir, un silence sépulcral enveloppa l'atmosphère soudain rosée qui régnait alentour. Le pâtre plaça alors ses mains grêles sur le rocher rêche et revêche et, sans le moindre effort, comme par enchantement, le souleva tel un sac de plumes, pour le poser sur son épaule. Et il l'emporta d'un pas alerte et agile à travers la ville…

Parvenu sur la rive, il le dressa sur le sol et déclara :

« Désormais s'élève ici la première pierre de la première arche du premier pont qui enjambera le Rhône ! »

Les spectateurs poussaient des vivats. Un attroupement se forma autour du berger qui était déjà occupé à élever le premier pilier. Gagnés par l'enthousiasme, quelques hommes retroussèrent leurs manches et aidèrent Bénezet à construire l'édifice qui fut érigé dans l'allégresse tandis que d'autres s'en allèrent vider leur bourse pour quérir des matériaux. L'assistance en liesse se répandit en danses, en chants, en agapes.

Un climat festif investit le site qui ne se démentit jamais… On dansa longtemps sur le pont d'Avignon, au son des fifres* et des tambourins, où rôdaient parfois, derrière un nimbe de brume rosée, l'âme du petit Benoît… et celle de son ange !

LE MAL AUX YEUX

Une dame jeune, jolie et joviale et parmi les plus aisées, connaissait un vif chagrin car sa vue allait s'embuant, s'ennuageant, s'embrumant chaque jour davantage.

D'abord légèrement inquiète, puis de plus en plus angoissée, elle décida de consulter un médecin qui saurait la rassurer sur l'évolution de sa maladie.

Un trouble qu'elle s'imaginait, probablement à tort, grave et peut-être irrémédiable…

Ainsi se rendit-elle chez un homme de réputation confirmée, qui soignait mille et mille douleurs et remplissait ses poches de mille et mille louis d'or tous les mois.

Mais s'il guérissait tantôt quelque patient, il en expédiait aussi d'autres, et en grand nombre, disaient ses détracteurs, outre-tombe.

Qu'importe, la belle bourgeoise lui rendit visite et lui détailla avec moult précisions les désagréments qui l'affectaient singulièrement.

Elle lui raconta par le menu ce qu'elle mangeait et buvait quotidiennement, lui présenta ses mains et sa langue.

Sentencieux, le docteur ne tarda pas à se prononcer :

« Votre cas est sérieux. Vous auriez dû venir me trouver depuis longtemps. Mais je vous préviens, si l'infection est facile à contracter, elle est beaucoup plus difficile à combattre…

– Se peut-il que je ne parvienne pas à lutter contre cette calamité ?

– Non, bien sûr, cependant il est possible que vous deveniez borgne…

– Borgne !

– Aveugle même…

– Ce n'est pas possible…

– Pourtant sachez que je puis vous aider à vous en sortir. Seulement il faudra vous armer de patience et…

– Que me faudra-t-il suivre comme préconisations ?

– Vous devrez impérativement respecter mes prescriptions et prendre onguents, potions, cataplasmes, poser des ventouses, et en outre adopter un régime exigeant et… surtout, ne commettre aucune imprudence.

– Et il me sera nécessaire de vous revoir régulièrement, je suppose…

– Exactement, je vous examinerai deux fois par jour et… je vous invite à préserver votre vision en lisant peu, en sortant prendre l'air et en cultivant le goût de vivre, de vous amuser et dans un délai de sept à huit mois… vous serez bientôt rétablie. »

Notre charmante malade multiplia les efforts afin de récupérer au plus vite un œil d'aigle. Elle n'hésita pas à avaler des litres et des litres d'eau, si bien qu'elle crut couver la pépie. Elle n'en ressentit aucune amélioration et le vaurien paraissait cumuler honteusement des honoraires usurpés.

« Comment allez-vous aujourd'hui ?

– Mal, de mal en pis d'ailleurs !

– Vous avez sans doute abusé…

– Je souffre le martyre !

– J'estime toutefois que nous sommes sur la bonne voie ! Tous ces inconvénients tendent à prouver que nous attaquons le mal à la racine. Procurez-vous rapidement du lin en farine et de la moutarde fine ! C'est indispensable…

– Pour quel usage ?

– Vous pourrez vous préparer des emplâtres que vous appliquerez ensuite sur vos mollets. Le feu qui se trouve en haut descendra vers le bas et vous constaterez vite un mieux… Il conviendra alors de vous livrer à des ablutions sur les joues au moyen de divers liquides tièdes. »

Et sa cliente de se bassiner les pommettes, de s'enduire les jambes. On pourrait confirmer sans se tromper qu'elle mit toutes les chances de son côté pour bénéficier d'une prompte guérison.

Pourtant le traitement n'opéra point et la situation empira. Le nombre des consultations augmentait à foison et à proportion, les louis d'or disparaissaient vertigineusement de la bourse de notre malheureuse et souffreteuse héroïne.

Un soir cependant la femme abandonna là sa naïveté, sa crédulité, sa docilité.

« Tiens, se dit-elle, je crois que je commence à saisir… Ce carabin s'est vraiment moqué de moi. Finalement, tous ses médicaments m'ont vraiment dessillé les paupières… »

Elle entreprend aussitôt d'enfiler une robe ravaudée, une cape rapiécée, des bas raccommodés et des savates rafistolées.

Ainsi affublée, la fraîche vieille, les cheveux mal peignés, des lorgnons sur le nez, une canne au poignet, s'en va sonder son thérapeute. Elle attend sagement son tour, qui est long à venir maintenant qu'elle semble pauvre !

« Monsieur, je vous souhaite le bonjour !
– Qu'est-ce qui vous amène, brave matrone ?
– Une mauvaise humeur !
– Où cela ?
– Sur les yeux…
– Depuis combien de temps ?
– Trois ou quatre semaines…
– Montrez-moi ça !
– Ne les trouvez-vous pas très rouges ? Ils me brûlent tellement !
– Certes, ils sont très irrités mais ce n'est rien.
– Adonques vous pensez me débarrasser de ce problème bientôt ? Ne vous fiez absolument pas aux apparences, docteur, si je me serre un peu le ventre, j'arriverai à vous payer en bel argent rutilant !
– Ne vous préoccupez pas de ça…
– Eh mon médecin ne l'entend pas de cette façon, lui !
– Ah bon, et que prétend-il ?
– Que mon tracas est dangereux !
– Pour ma part, j'affirme que c'est un âne ! »
Son interlocutrice découvre alors son véritable visage :
« Vous m'apprenez donc que vous êtes cet aliboron ! »
Et le diafoirus de se démasquer lamentablement…

VINCENT ET MIREILLE

Fille de riches paysans de la région des Baux, la jeune Mireille vit au mas* des Micocouliers. Elle coule là des jours heureux, participant aux travaux des champs et de la maison, au fil des saisons. Qu'elle est gracieuse cette petite, toujours prête à aider sa mère, à assister son père, à soulager la domestique !

La belle ne prend que quinze ans, lorsqu'elle tombe éperdument amoureuse d'un jouvenceau, bien fait de sa personne, aimable, courtois, courageux. Le garçon a pour nom Vincent.

Les sentiments des deux enfants sont réciproques et, dans leurs rêves les moins sages, ils envisagent le mariage.

Hélas ! Vincent, vannier, va de ferme en moulin, de jas* en castelas*, réparer les paniers. Ses revenus sont modiques, sa parentèle fort pauvre.

Le géniteur de Mireille est agacé.

L'œil courroucé, les lèvres pincées, les joues vermillonnées, il hurle et rouscaille* et menace :

« Je ne consentirai jamais à ces noces ! Qu'on ne m'en parle plus sinon... »

Il ne laisse pas la moindre lueur d'espoir aux tourtereaux désappointés.

Alors, une nuit, Mireille décide de quitter la demeure paternelle. Elle part pour la Camargue, bien résolue à supplier les Saintes Maries d'infléchir l'avis du fermier intransigeant. Au lever du jour, la damoiselle a déjà parcouru une copieuse distance.

Elle se sent fatiguée, épuisée. Le soleil commence à darder des rayons brûlants. La traversée de la plaine de la Crau est une épreuve pour ses pieds endoloris par la longue marche.

La lumière, agressive, se réverbère sur les galets et rochers du désert de pierre. Pas un platane, pas un chêne pour lui offrir un dais d'ombre rafraîchissante. La gamine persévère cependant. Elle a grand soif, elle rêve d'une oasis à la végétation luxuriante, à la source désaltérante.

Frappée d'insolation, elle parvient à grand-peine jusqu'au parvis de l'église des Saintes. Elle délire, décline et défaille, puis s'effondre complètement.

Vincent, prévenu par des promeneurs, la rejoint à toute hâte pour l'aider à gravir les marches du sanctuaire.

Fors les efforts déployés par son entourage, l'héroïne de Mistral ne peut survivre à cette terrible épreuve. Elle passe à trépas dans les bras de celui qui l'a conçue, sous les yeux épouvantés du malheureux paniaire*.

On dit que si Mireille a pu laisser sans autre forme de procès la terre, et supporter la douleur de se séparer de son aimé, c'est parce que les Saintes Maries ont fait miroiter à son regard ébloui le mirage enchanteur du Paradis… Le secours spirituel et sanctifiant des sirènes sacrées de l'église forteresse est un pouvoir irréfutable, irrépressible, irrésistible.

Mirèo le sait qui, agonisante après une âpre abnégation, s'endormit pour l'éternité en cette redoutable redoute.

JEAN DE L'OURS

Il était une fois, au doux pays de Vaucluse, une fille orpheline baptisée Orsane, ainsi contrainte par la vie à subvenir à ses besoins.

Elle s'en allait quérir dans la sylve des bouquets de muguet au printemps, des fraises durant l'été, des glands en automne et des rabasses* au cours de l'hiver et les vendait sur les marchés, pour acheter sa pitance.

Mais il croît dans les bois en cet endroit une herbe si fine qu'elle en est invisible, c'est l'herbe d'égarement. La damoiselle marcha dessus par mégarde et la voilà perdue parce qu'elle avait posé son talon gauche sur la tige délicate.

La mignonne aurait dû effectuer treize pas et enfiler sa chaussure gauche au pied droit pour conjurer le maléfice mais elle ignorait le sortilège et elle se mit à errer tout le jour.

À la nuit tombée, elle se cacha dans une caverne pour dormir, épuisée de fatigue et de froid.

Elle fut réveillée à l'aurore par un grognement assourdissant qui émanait d'un énorme sac de fourrure, troué de deux billes luisantes, qui l'apostropha :

« Qui es-tu ? Que fais-tu chez moi ? »

L'importune raconta sa mésaventure en pleurant. L'ours, apitoyé, l'avertit en bougonnant :

« Tu peux rester ici si tu veux mais laisse-moi tranquille, sans me parler et nourris-toi comme moi. »

L'intruse se contenta du miel et des fruits entassés dans la tanière et se tint au chaud, blottie contre le pelage marron. Elle se résigna adonques à son destin.

L'estiou* suivant, le 24 juin exactement, elle eut un petit garçon qu'elle appela Jean. L'enfant grandit rapidement jouant avec les marcassins et les louveteaux, se montrant toujours le plus fort dans leurs joutes amicales.

Lorsqu'il eut douze ans, ne trouvant plus d'adversaire capable de lui résister, il commença à s'ennuyer. Alors Jean ne voulut plus vivre dans la nature et il convainquit sa mère de partir avec lui, car il connaissait parfaitement tous les chemins et ne craignait nullement l'herbe d'égarement.

L'ours, pendant quarante jours après la Chandeleur, hiberna et l'adolescent en profita pour filer avec sa maman.

Les villageois furent fort étonnés de revoir Orsane qu'ils croyaient dévorée par les loups, et plus encore ce beau jouvenceau. Elle reprit paisiblement ses habitudes et envoya Jean à l'école.

Mais ses camarades se moquèrent de lui à cause de sa haute taille, de son impressionnante carrure et le surnommèrent Jean de l'Ours. Le jeune homme se mit à leur infliger de sérieuses corrections pour leur imposer le respect. Le maître tenta de le gronder ains il l'assomma avant de prendre la poudre d'escampette. Les gendarmes le rattrapèrent et l'enfermèrent en prison.

Orsane se lamenta mais Jean l'invita en plaisantant à réintégrer sa cassine.

« Reste chez nous, j'arriverai bientôt pour partager le repas avec toi ! »

En effet, à douze heures précises, le reclus donna un grand coup d'épaule contre la solide porte de sa cellule et il rentra à son domicile.

Mais il éprouvait une vive soif d'indépendance. Il étreignit sa génitrice, chaussa ses souliers neufs et prit congé d'elle.

Au bout d'une semaine, passant devant une forge, il s'arrêta :

« Salut maître ! Voudriez-vous de moi comme apprenti ?

– Entre et bats-moi ce fer ! » proposa le forgeron.

Jean se débarrassa de sa besace, empoigna la pince et, se saisissant du marteau, enfonça l'enclume dans le sol.

« Tu te débrouilles pas mal, constata l'artisan. Mais comment relever l'enclume ? »

Le jeune homme appuya son pied contre la masse de métal et la déracina aussi facilement qu'une carotte. Le forgeron lui réserva alors les besognes les plus ingrates, les plus écrasantes. Cependant, chaque vêprée, il avait cassé tant de barres de fer, éclaté tant d'outils que le patron, voulant s'en séparer, n'osait le lui faire savoir tellement il le redoutait.

Enfin, il lui parla posément, l'encourageant à parcourir et à découvrir le monde. Jean de l'Ours, séduit, sollicita l'autorisation de façonner toute la matière qu'il avait gaspillée. Il modela ainsi un gigantesque bâton, du diamètre d'une poutre, qui pesait au moins cinq quintaux. Et partit pour Marseille, le pesant objet sur l'épaule.

Vers le crépuscule, alors qu'il faisait halte sur un talus, il aperçut par trois fois d'énormes pierres raser l'horizon. Il n'eut que le temps de discriminer dans le ciel une meule de moulinier.

Il s'enquit alors de sa provenance et, au fond de la vallée, discerna un homme qui s'apprêtait à en lancer encore une.

« Voilà de magnifiques palets ! s'exclama Jean. Comment te nommes-tu ?

– Deferre Moulin, répondit son interlocuteur. Je m'amusais.

– Tu me plais bien. Viens donc avec moi !

– Volontiers. »

Et ils s'éloignèrent ensemble.

Le lendemain, traversant une futaie, ils rencontrèrent un bûcheron qui fendait les arbres en deux d'une faucille à ramasser la luzerne. Il arrachait les chênes et les hêtres d'un geste, comme on le fait d'un cheveu, et en confectionnait de faramineux fagots.

Jean de l'Ours, fasciné, lui décocha :

« Comment t'appelles-tu ?

– Tord Chêne ! précisa l'autre.

– Veux-tu venir avec nous ?

– Volontiers. »

Et ils s'en allèrent tous trois.

Le soir, ils parvinrent au pied d'un piton au sommet duquel était accroché un château illuminé. Ils consultèrent une vieille qui gardait sa cabre* :

« À qui appartient ce château ? »

Elle expliqua :

« N'y allez surtout pas ! Personne n'en n'est jamais ressorti ! »

Jean de l'Ours, intrépide, encouragea ses compagnons à escalader le rocher. À leur surprise, les portes de la bâtisse étaient grandes ouvertes. Ils pénétrèrent dans de vastes salles, désertes quoique parfaitement éclairées et somptueusement meublées.

Jean de l'Ours affirma que cette demeure lui conviendrait. Rompus, ils se couchèrent. À leur réveil, ils décidèrent de s'organiser et de se préparer à manger.

Deux d'entre eux iraient à la chasse et le troisième concocterait une soupe avec le contenu de leurs gibecières. Ils procéderaient ainsi, à tour de rôle. Deferre Moulin s'installa à l'office, le sort l'ayant désigné comme cuisinier.

À la fin de la matinée, il décrocha un cor suspendu au manteau de l'âtre pour signaler à ses amis que tout était prêt. À peine eut-il gonflé ses joues qu'un bruit d'éboulis dans la cheminée le fit sursauter. Il se retourna pour observer un nain campé devant lui, tout malingre, tout nu et tout blanc.

« Que fais-tu ? interrogea Deferre Moulin.

– Je voudrais de la soupe.

– File, vermine, ou je t'écrase.

– Fais attention ! » le menaça le gnome et il s'élança sur le lanceur de pavés, lui administrant de sa canne de coudrier une volée de coups si cuisants qu'ils laissèrent le bougre évanoui sur le carreau.

Jean de l'Ours et Tord Chêne affamés, s'en retournèrent, étonnés de ne pas avoir été avertis par leur comparse. Ils le réveillèrent de leurs cris :

« Fleoumo* ! Pourquoi ne nous as-tu pas appelés ?

– J'avais confectionné une bonne soupe, mais un géant est arrivé qui a voulu l'avaler. Il était nettement plus robuste que moi et m'a frappé puis abandonné pour mort. »

Le jour d'après, c'est Deferre Moulin qui quitta le castelas* avec Jean de l'Ours. Tord Chêne n'appela pas davantage que Deferre Moulin la veille.

À midi, trop alouvis, les cassaires* rentrèrent et trouvèrent Tord Chêne étendu sur le plancher. Ils lui jetèrent un seau d'eau froide sur le visage pour le ranimer. Enfin remis, le boquillon raconta qu'un colosse bien plus fort et fébrile et furieux que le précédent était venu, l'avait battu à trépas pour voler le bouillon.

Deferre Moulin riait sous cape, sachant quelle carrure se profilait derrière le géant.

« C'est bon, admit Jean de l'Ours, je saurai demain de quoi il retourne ! »

Les deux compères se réjouissaient au tréfonds d'eux, anticipant la rouste magistrale que recevrait ce prétentieux engusaire*.

Le jour suivant, notre héros accommoda les restes pour la soupe du déjeuner. Lorsque les préparatifs furent achevés, il s'empara alors de la trompe et sonna si intensément que les remparts castraux en tremblèrent et que la paire de larrons, narquois en tapinois dans le bois, furent saisis d'effroi. Ils se hâtèrent de regagner la cuisine.

Au même instant, l'homoncule parut armé de sa baguette. Le fils d'Orsane s'esclaffa face au minuscule hercule et frappa son museau de musaraigne. Il lui administra un terrible horion de son bâton de fer forgé au feu.

Mais le lutin resta interdit, intact et intouchable, au centre des étincelles qui fusaient en tous sens, cognant plus agressivement encore de sa badine son rival.

Malgré la douleur intense, Jean de l'Ours continua à lutter contre le freluquet.

À la parfin, il réussit à aplatir l'agonal avorton, anéanti comme une galette. Qui demanda grâce et jura de révéler le secret du château maudit.

« Sous la pierre du foyer, il existe un caveau et, au fond de cet antre, une princesse attend qu'on la délivre. »

Sans divulguer ses intentions, Jean de l'Ours expédia au diable vauvert le petit bonhomme. Quand ses camarades se présentèrent, le repas était déjà servi. Ébahis, ils interrogèrent :

« Tu n'as donc pas vu ce titan ?

– Non, je n'ai repéré qu'un chétif nabot que j'ai rossé ! Vous n'êtes que deux froussards ! »

Ils s'attablèrent et Jean de l'Ours accepta de garder ces coucourdes*, pensant qu'ils pourraient tout de même lui donner un coup de main. Avec son bâton de fer forgé au feu, le hardi curieux souleva la dalle scellée sous l'âtre. Ils distinguèrent un puits noir qui s'enfonçait dans la montagne.

On passa sous les bras de Deferre Moulin une corde et le couard se laissa dégringoler mais, quand elle fut complètement déroulée, elle commença à se balancer.

« Remontez-moi, elle est trop courte ! », hurla le gueux. On le tira donc des profondeurs.

Jean de l'Ours souhaitait lui nouer un deuxième cordage et le redescendre mais le poltron ne voulut pas raconter ce qu'il avait vu.

« Vas-y Tord Chêne ! » ordonna notre brave.

On fixa une longe deux fois plus longue sous les aisselles du bûcheron. Cette fois à nouveau, la courroie s'agita et une voix lointaine supplia qu'on la récupère. Quand il fut hors du trou, pâle, pitoyable et plaintif, il confessa que la princesse lui importait peu, qu'il avait eu considérablement peur.

« N'insiste pas ! » conseilla-t-il à son chef. Mais le gaillard plongea, maintenu par trois fois cent mètres.

Lorsqu'il toucha finalement le terrassement de la fosse, dans une complète obscurité, il fut attiré par une lueur scintillante. Il se dirigea sans hésiter vers cette tache de lumière pour atteindre un espace clarteux, qui voyait s'entasser des milliers d'ossements et d'armures brisées, gardés par un lévrier hiératique taillé dans le roc.

Comme Jean de l'Ours priait pour l'âme de ces défunts, valeureux chevaliers vaincus, l'animal se leva pour lui lécher la main. Un signe de réconfort éminemment symbolique avant les multiples épreuves qui attendaient notre preux explorateur.

Une rivière aux flots tumultueux à traverser, un dragon aux naseaux fumants à trucider, un ignivome à sept têtes à transpercer et la mère des monstres, en habit vert, à trancher, col et queue.

Sa robe émeraude s'étirait derrière elle comme une traîne de mariée, se prolongeant en un appendice caudal interminable. La bête s'employa à embobiner le jeune homme dans son pan de peau puante, verdoyante et ondulante.

Jean de l'Ours ne put se délivrer de l'emprise de ce mastodonte, qui manifestait le désir de le transporter au loin, qu'à la condition de lui percer les entrailles à l'aide de son bâton de fer forgé au feu.

Son ventre se dégonfla alors tel un ballon. Mais l'étrange bestiau poursuivit son ascension, entraînant sa victime dans son sillage. D'un courageux et courroucé coup de coutelas, il sectionna net le fouet qui l'enserrait, tout en se cramponnant à cette extrémité tortillante qui se convulsait pareille à un ressort et le mena près d'une maisonnette d'où s'échappait une voix mélodieuse que Jean de l'Ours identifia pour être celle de la princesse prisonnière de ce pourpris souterrain. Il fit précipitamment le tour de l'édifice mais resta dans l'incapacité d'y déceler la moindre ouverture. Quand il entrevit subrepticement une poterne, il martela la queue contre les planches de toutes ses forces.

Le lutin nu et chétif, à faciès de musaraigne, s'introduisit au-dedans si subitement que notre protagoniste n'eut pas l'opportunité de réagir. Jean de l'Ours rassembla toute son énergie et heurta par trois fois l'huis de son bâton de fer forgé au feu. La porte éclata littéralement sous la pression et le garçon se faufila dans le couloir pour tomber sur un chat plus gros qu'un cerf qu'il neutralisa de son bâton pesant cinq quintaux.

Mais le matou mâtiné de matechote* ne mouffetait pas, insensible à la souffrance. Le madré, majestueusement, massacra le gigantesque félin d'une violente estocade portée, grâce à la baguette du vilain nain gisant sur le sol, oubliée par son réfractaire et grégaire propriétaire.

La jeune fille, alertée par l'indicible tapage, sortit de sa chambre et se jeta dans les bras de son sauveur. Émoustillé par ce baiser, émerillonné de plaisir, émerveillé de sa prouesse, Jean de l'Ours se pâma littéralement de bonheur puis se ressaisit prestement.

Il se résolut à évacuer de ce gouffre la printanière princesse, principale héroïne de son cœur qui, avant de s'agripper à la sangle et de quitter son délivreur, lui offrit deux violettes humblement épanouies. Là-haut, Tord Chêne et Deferre Moulin, attentifs au signal convenu, s'évertuèrent à la remonter.

Éblouis par le charme de la captive, les voyous s'empressèrent de la mystifier, après un clin d'œil complice, la pressant de croire à l'impossibilité de déloger son prétendant. Et la belle damoiselle de s'évanouir sur-le-champ.

Ils simulèrent une panne de poulie et, promptement, échappèrent une pierre qui explosa au fond du puits dans un bruit sourd, comparable à celui d'un corps qui s'écrase sous le poids d'une chute vertigineuse.

Méfiant, Jean de l'Ours avait imaginé la probable trahison, la supercherie des coquins. Il s'éloigna donc de la base du pertuis, cherchant une solution pour s'enfuir de ce boyau creusé dans la roche. Il n'était pas enchanté à l'idée de grossir le monceau des dépouilles des chevaliers sacrifiés. Jetant une des fleurs mauves sur le charnier, il considéra le lévrier allongé à proximité.

Le chien s'en vint lui lécher la main et lui déclara :

« Si tu as volé une première fois, alors vole une deuxième aussi ! »

Rasséréné, le jeune homme partit à la recherche de la queue de la dragonne verte. Il s'assit derechef sur cette fantastique monture, s'enveloppa de la peau à pustules putrides et s'envola... pour atterrir sous le manteau de la cheminée.

Hélas ! il ne trouva pas plus de princesse à l'intérieur du donjon que d'arêtes dans une pintade !

Tord Chêne et Deferre Moulin, après s'être copieusement querellés, décidèrent de se distribuer et de répartir les faveurs et les ardeurs de la jeune éplorée qu'ils se devaient de consoler. Ils s'avisèrent d'épouser et de partager l'ex-recluse, contrainte de les remercier de leur sollicitude.

La joie de revoir ses parents fut amplement entachée par cette nécessité de récompenser les amis de son bienfaiteur.

Malgré les larmes de sa progéniture, le roi accepta l'accord d'accortes accordailles... Terrorisé qu'il était par les deux fiancés à la mine patibulaire, qui avaient pourtant réussi à lui restituer son trésor le plus précieux, sa fille.

Un extraordinaire veglione fut servi à tous les habitants de la contrée en l'honneur de la mariée et de ses deux époux. Alors que la noce battait son plein, la princesse hoquetait, étranglait des sanglots de détresse, de déveine et de peine. Jean de l'Ours, survolant sur sa peau couleur émeraude la cour du palais, perçut un singulier tintamarre interrompu des chants canailles des ripailles d'épousailles.

La seconde violette dissimulée entre ses doigts tremblants, il s'approcha prudemment de la table souveraine. Bien qu'il eût le visage maculé de sang et de poussière, sa promise l'identifia immédiatement, glissa sa dextre dans la sienne et se tourna radieuse vers les convives pour leur annoncer :

« C'est lui mon véritable sauveur ! »

L'assistance, médusée, regarda les fieffés filous fuir au fond de la forêt à la vitesse du vent. Le jeune couple, étourdi de tendresse, connut une félicité sans nuage et un viage au visage de voyage… merveilleux et une prospérité sans ambages.

GLOSSAIRE

A fach soun calot : il a fait fortune.
Aïgo boulido : soupe à l'ail.
Amoundaou : là-haut.

Baou : falaise.
Bard : dalle de pierre.
Barruler : se promener, voyager.
Bastide : maison de maître à la campagne.
Baumo ou **baume** : grotte.
Bayle : maître berger.
Bedigas : niais.
Biòu : taureau.
Bon pèr l'aigo e bon pèr lou vin : bon pour l'eau et bon pour le vin.
Bolier : filet.
Boumian : bohémien.
Boutis : étoffe brodée et piquée à bel effet de relief.
Brandade : préparation de morue, avec notamment de la crème, de l'huile, de l'ail.
Brousse : fromage.

Cabro ou **cabre :** chèvre.
Cambro : chambre dans la région d'Arles et de Tarascon.

Cambrouiso : servante.
Canis : roseau.
Cassaire : chasseur.
Castelas ou **castelar :** gros château.
Cavaou : cheval.
Chauffer à la cheminée du roi René (se) : se chauffer aux rayons du soleil.
Ciste : arbrisseau à fleurs blanches ou roses.
Clavaire : gardien en possession des clefs d'un lieu.
Cordelle : danse de la région de Barbentane, exécutée à l'aide de rubans.
Coucourde : niais.
Coulobre : couleuvre.

Daube : manière de faire cuire la viande, à la braisière. Plat ainsi préparé.
Dévarié : contrarié, déboussolé.
Di câlin soun : ce sont des baisers.

Emine : mesure de capacité chez les anciens Romains, employée pour peser les grains, contenant 0,27 litre.
Engane : prairie de salicornes, servant de parcours, en Camargue, pour les chevaux et les taureaux.
Engusaire : hâbleur, trompeur.
Esquicher : serrer, presser les uns contre les autres.
Estiou : été.
Estrangiè : étranger.

Fada : fou, niais.
Farigoule : thym.
Félibre : poète membre du Félibrige, école littéraire fondée en 1854 par quelques écrivains, dont Frédéric Mistral, pour restituer à la culture provençale son statut.
Fenestron : petite fenêtre.

Feria : fête populaire en l'honneur du taureau.
Fifre : petite flûte en bois d'un son aigu.
Fiolo : bouteille.
Fleoumo : fainéant.
Fougasse : galette cuite au four ou sous la cendre.

Galoubet : petite flûte droite à trois trous.
Gardian : gardien de taureaux ou de chevaux en Camargue.
Garrigue : terrain aride et broussailleux.
Gros souper : souper maigre avant la messe de minuit.

Jas : bergerie.

Magnanerie : bâtiment destiné à l'élevage des vers à soie.
Manade : troupeau de bœufs, de taureaux, de chevaux mené par un gardian. La propriété où se pratique cet élevage. Un manadier la dirige.
Mas : ferme.
Masco ou **masque :** sorcière.
Matechote : chouette.
Minot : gamin.
Mouestre : monstre.
Myrte : arbrisseau à petites fleurs blanches parfumées et à feuillage persistant.

Nuech : nuit.

Olivette : oliveraie.

Palud : marais.
Paniaire : vannier.
Pastrage : cérémonie très ritualisée de l'offrande d'un agneau nouveau-né par les bergers, à la messe de minuit.
Pastre : berger.

Pissaladière : tarte en pâte à pain, garnie d'oignons, de filets d'anchois et d'olives noires.

Pistou : potage caractérisé par une liaison faite d'ail pilé, aromatisé au basilic.

Pompe à huile : galette que l'on trempe dans du vin cuit très liquoreux.

Pouerc : porc.

« Qu'a vist Paris… se noun a vist Cassis, pou dire : n'ai rèn vist. » : « Celui qui a vu Paris, s'il n'a pas vu Cassis, peut dire : je n'ai rien vu. »

Rabasse : truffe.

Rastel : réunion de personnes que l'on invite à boire et par extension ce lieu.

Raysso : ondée, averse.

Restanque : terre cultivée en terrasse, soutenue par un muret en pierre.

Roubine : petit canal d'irrigation.

Roucas : rocher.

Rouscailler : râler, protester.

Saladelle : nom populaire de la statice maritime.

Sansouire : grande plaine de Camargue, couverte d'efflorescences marines.

Sant : saint.

Tambourinaire : joueur de tambourin.

Tapenade : préparation culinaire à base d'olives et d'anchois mixés.

Ventoulet : petit vent.

Viédase : sot, nigaud.

Zious (li) : les yeux.

BIBLIOGRAPHIE

Récits et contes populaires de Provence, récits recueillis par Jacques Lacroix et Jean-Marie Lamblard dans le vieux Martigues, tome 1, Gallimard, 1979.

Récits et contes populaires de Provence, récits recueillis par Guy Mathieu dans le pays d'Apt, tome 2, Gallimard, 1979.

Contes et légendes de Provence, Jacqueline Mirande, éd. Fernand Nathan, collection poche, 1984.

La Petite Fourmi de Cucuron et autres contes de Provence, Marilène Clément, Hachette jeunesse, 1993.

Contes et légendes de Provence, Jean-Marie Barnaud, éd. Nathan, 1998.

Les Contes de ma Provence, Yvan Audouard, Le Pré aux Clercs, 1986.

Contes, récits et légendes des pays de France, Provence, Corse, Languedoc, Roussillon, Alpes, Auvergne, rassemblés par Claude Seignolle, Omnibus, 1997.

La Provence au coin du feu, Marie Mauron, Librairie académique Perrin, 1962.

Contes et légendes de Provence, Robert Meysson, Eyguiero, 1995.

Gaspard de Besse à Saint-Pierre des Canons, suivi de *Frère Raymond à Sainte-Croix*, Robert Meysson Seloun Terro de Legendo, ss d.

Chroniques, mythes et légendes des Bouches-du-Rhône, racontés par Valérie Carbonne, Comité départemental du tourisme des Bouches-du-Rhône et France-Bleu Provence, 2001.

Il était une fois Noël en Provence, Ely Boissin, éd. du Bastberg, 1998.

Contes et légendes en Provence, René Provane, éd. Autres Temps, 1998.

TABLE

Mise en pages :
Nord Compo, Villeneuve-d'Ascq (59)
Achevé d'imprimer en France par
l'imprimerie Hérissey à Évreux (27)
N° d'éditeur : 4280.04.03.02.05
N° d'impression : 98612
Dépôt légal : Octobre 2002
ISBN : 2.7373.2916.7